UM PROJETO DE @MAPASDOPH

Vida

Vida

Editora Vida
Rua Conde de Sarzedas, 246 — Liberdade
CEP 01512-070 — São Paulo, SP
Tel.: 0 xx 11 2618 7000
atendimento@editoravida.com.br
www.editoravida.com.br
@editora_vida /editoravida

MAPEANDO A BÍBLIA

■

Todas as citações bíblicas e de terceiros foram adaptadas
segundo o Acordo Ortográfico da Língua Portuguesa,
assinado em 1990, em vigor desde janeiro de 2009.

■

As opiniões expressas nesta obra refletem o ponto de vista
de seus autores e não são necessariamente equivalentes
às da Editora Vida ou de sua equipe editorial.

Os nomes das pessoas citadas na obra foram alterados nos
casos em que poderia surgir alguma situação embaraçosa.

Todos os grifos são do autor, exceto os indicados.

Editora-chefe: Sarah Lucchini
Editor de conteúdo: Maurício Zágari
Revisão de texto e teológica: Josemar de Souza Pinto
Revisão de provas: Eliane Viza, Mara Eduarda V. Garro e Jacqueline Mattos
Ilustrações: Nathalie Novaes
Coordenadora de design gráfico: Claudia Fatel Lino
Diagramação: Luan Sinézio e Fellipe Simoni
Capa: Nathalie Novaes

1. edição: set. 2024

Dados Internacionais de Catalogação na Publicação (CIP)
(Câmara Brasileira do Livro, SP, Brasil)

Azevedo, Philippe
Mapeando a bíblia / Philippe Azevedo. -- São Paulo : Editora Vida, 2024.

ISBN 978-65-5584-580-8
e-ISBN 978-65-5584-584-6

1. Bíblia - Estudos 2. Mapas mentais I. Título..

24-222934 CDD-220.07

Índice para catálogo sistemático:

1. Bíblia : Estudos 220.07
Aline Graziele Benitez - Bibliotecária - CRB-1/3129

Introdução

Este livro oferece uma maneira inovadora e didática de estudar as Escrituras Sagradas, por meio de mapas mentais ilustrados. Esse recurso é especialmente útil para aqueles que buscam uma compreensão mais profunda e estruturada da Bíblia, de novos convertidos e estudantes de teologia a líderes de ministério.

Ao longo da obra, você encontrará mapas mentais detalhados que abrangem todos os livros da Bíblia, de Gênesis a Apocalipse, divididos entre Antigo e Novo Testamento. Além disso, o livro inclui materiais adicionais que ajudam o leitor a manter uma jornada de estudo consistente e focada.

Com o objetivo de tornar o aprendizado bíblico mais acessível e eficiente, os mapas mentais de Philippe Azevedo combinam imagens, cores e formas geométricas, facilitando a memorização e a compreensão de conceitos complexos.

Este livro é um excelente complemento para estudos pessoais, ensino na Escola Bíblica Dominical, ou até mesmo para pais que desejam introduzir seus filhos aos ensinamentos bíblicos de uma forma envolvente e educativa. Pode ter certeza de que você tem em mãos uma ferramenta poderosa para transformar seu entendimento das Escrituras e enriquecer sua vida espiritual.

Livro um

PENTATEUCO

Gênesis

ORIGEM
de todas as coisas

QUEM ESCREVEU?

A tradição aponta Moisés como autor (com base em Êx 17.14 e Dt 31.9,24), mas cogita-se a contribuição de outros autores.

AUTORIA

Moisés foi o profeta que liderou os israelitas para fora do Egito e recebeu os Dez Mandamentos no Monte Sinai. Ele é venerado como uma figura fundamental na história da redenção do povo de Deus.

50 CAPÍTULOS

OBJETIVO DO LIVRO

Relatar a criação do mundo material, da humanidade e o surgimento do pecado.

TEMA PRINCIPAL

O pecado do homem e os passos iniciais para a sua redenção, mediante a aliança divina feita com a raça escolhida.

PERSONAGENS PRINCIPAIS

- Adão e Eva
- Caim e Abel
- Noé
- Abraão
- Isaque
- Jacó
- José

Deriva-se do grego *genesis* que quer dizer "princípio ou origem".

GÊNESIS E CRISTO

1. Gênesis aponta para Jesus de diversas maneiras simbólicas e proféticas.
2. Desde o início, Gênesis narra a criação do mundo por Deus, que mais tarde se manifesta em Jesus como o Verbo, ou a Palavra, de Deus (Jo 1.1-3).
3. A promessa da semente da mulher que esmagaria a cabeça da serpente (Gn 3.15) é uma profecia da vitória de Jesus sobre Satanás.
4. Além disso, figuras, como Abraão, em sua intenção de sacrificar Isaque, seu filho, prefigura o sacrifício de Jesus, e José, cuja vida de sofrimento e redenção se assemelha à vida de Cristo, reforçam essa tipologia.

Partes Principais

Gênesis é composto por duas seções principais.

1. A primeira relata a história dos primórdios, com a criação do Universo, do mundo terreno e do ser humano (Gn 1–11).
2. A segunda trata da história dos patriarcas, com foco nas origens da nação de Israel a partir de Abraão, Isaque, Jacó e José (Gn 12–50).

No judaísmo, seu nome é baseado na primeira palavra hebraica que abre o livro: *bereshit*, que quer dizer princípio.

RESUMO DO LIVRO

- A Criação — 1.1 a 2.3
- O Éden — 2.4 - 25
- A Queda e suas consequências — 3
- O progresso do pecado — 4.1 a 6.8
- O Dilúvio — 6.9 a 9.29
- A dispersão das nações — 11.10-26
- Abraão e sua família — 11.27 a 25.11
- Jacó e Esaú — 25.19 a 37.1
- A vida de José — 37.2–50.26

PENTATEUCO

Livro dois

Êxodo

A PALAVRA-CHAVE É LIBERTAÇÃO

O TÍTULO ÊXODO

Êxodo significa "saída" ou "partida". No hebraico, o título original era *shemoth*, que significa "nomes".

ADORAÇÃO A DEUS

A PRIMEIRA METADE DE ÊXODO REVELA POR QUE O SENHOR É DIGNO DE ADORAÇÃO.

A SEGUNDA METADE REVELA COMO OS HEBREUS DEVERIAM ADORÁ-LO.

O LIVRO TAMBÉM APRESENTA A NECESSIDADE DE UM MEDIADOR ENTRE O POVO PECADOR E O DEUS SANTO.

40 CAPÍTULOS

AUTORIA

A tradição de judeus e cristãos aponta Moisés (com base em passagens, como Êx 17.14; 24.4; 34.27-28; Mc 7.10; 12.26; Lc 2.22-23). Mais recentemente, estudiosos passaram a cogitar a contribuição de outros autores.

INFORMAÇÕES IMPORTANTES

Estima-se que o Êxodo ocorreu por volta de 1446 a.C., pois 1Reis 6.1 afirma que aconteceu 480 anos antes do quarto ano do reinado de Salomão em Israel (966 a.C.). Até hoje não se sabe o local exato da travessia do mar Vermelho, apesar de haver pelo menos três teorias.

DEZ MANDAMENTOS RESUMIDOS

1. Não terás outros deuses além de mim.
2. Não farás para ti nenhum ídolo.
3. Não tomarás em vão o nome do Senhor teu Deus.
4. Lembra-te do dia de sábado, para santificá-lo.
5. Honra teu pai e tua mãe.
6. Não matarás.
7. Não adulterarás.
8. Não furtarás.
9. Não darás falso testemunho contra o teu próximo.
10. Não cobiçarás [...] coisa alguma que [...] pertença [ao próximo].

TEOLOGIA DA SALVAÇÃO

Um dos temas principais de Êxodo é a teologia da salvação. O texto mostra que Deus se preocupa em resgatar (Êx 6.6; 15.13), e a Páscoa judaica aponta para o princípio da redenção, em que o cordeiro é morto para propiciar a preservação do povo de Deus (Jo 1.29; 1Co 5.7).

RESUMO DO LIVRO

- A opressão de Israel e o libertador — Ex. 1-2
- O chamado de Moisés — Ex. 3-4
- O início da liderança de Moisés — Ex. 5-6
- As dez pragas — Ex. 7-11
- A Páscoa e a saída do Egito — Ex. 12-13
- A travessia do mar Vermelho — Ex. 14-15.21
- Do mar Vermelho ao Sinai — Ex. 15.22-18
- A aliança do Sinai — Ex. 19-24
- Instruções sobre o tabernáculo — Ex. 25-31
- Idolatria e renovação da aliança — Ex. 32-34
- Construção do tabernáculo — Ex. 35-40

PENTATEUCO
Livro três

Levítico

SIGNIFICADO DO NOME

Atribuído na Septuaginta, "Levítico" significa "relativo aos levitas". Em hebraico, o título é *wayiqra*, algo como "e chamou", ou "e ele [o Senhor] chamou".

Embora Levítico não trate somente dos deveres dos levitas, tem esse nome por abordar a adoração no tabernáculo, responsabilidade dos descendentes de Levi.

OBJETIVO DO LIVRO

O foco de Levítico é a importância da santidade (Lv 11.45; 19.2; 20.7). O livro trata ainda de Israel como representação terrena do Reino de Deus, um povo que deveria viver em santidade, refletida no culto e com base na obediência aos mandamentos.

27 CAPÍTULOS

AUTORIA

Moisés, segundo a tradição de judeus e cristãos. Há referências em Levítico a Deus ter ditado regras e histórias a Moisés e por meio dele (Lv 1.1; 4.1; 5.14; 6.1; 7.22,28). Mais recentemente, estudiosos passaram a cogitar a contribuição de outros autores em sua escrita.

CRISTO E LEVÍTICO

- O Dia da Expiação foi estabelecido com o objetivo de purificar o tabernáculo, mediante o sacrifício de animais.
- Ele aponta para o futuro sacrifício de Cristo, que fez expiação por todos os que creem nele para a remissão dos pecados.
- O sangue dos animais era aspergido no tabernáculo, assim como o sangue de Jesus foi derramado na cruz.
- A expiação era feita pelos israelitas uma vez por ano, mas a de Cristo foi definitiva.
- Os princípios elementares do sistema sacrificial de Levítico se aplicam a nós, hoje.

RESUMO DO LIVRO

- As cinco principais ofertas — Lv 1–7
- As funções de Arão e seus descendentes — Lv 8–10
- Leis de pureza — Lv 11–15
- O Dia da Expiação e a adoração no tabernáculo — Lv 16–17
- Leis morais — Lv 18–20
- Regras para sacerdotes, ofertas e festas anuais — Lv 21–24.9
- Castigos por pecados — Lv 24.10–23
- Ano sabático, Jubileu, terras e escravidão — Lv 25
- Bênçãos por obediência e maldições por desobediência — Lv 26
- Regras para ofertas a Deus — Lv 27

TEMAS ABORDADOS EM LEVÍTICO

- A teologia de Levítico foca a presença de Deus no meio de seu povo. E, com a presença do ser santíssimo no meio de sua gente, torna-se imperativo haver santidade, pureza e expiação.

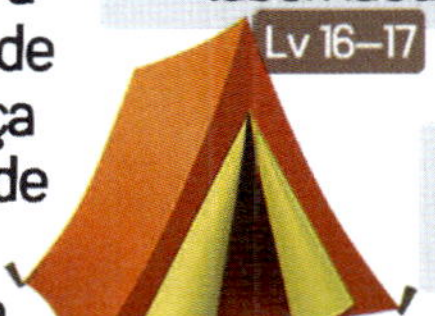

PENTATEUCO

Números

Livro quatro

DERIVADO DOS CENSOS DE ISRAEL

AUTORIA

Moisés, segundo a tradição de judeus e cristãos (com base em passagens, como Êx 17.14; 24.4; 34.27-28; Mc 7.10; 12.26; Lc 2.22-23). Mais recentemente, estudiosos passaram a cogitar a contribuição de outros autores.

36 CAPÍTULOS

OBJETIVO DO LIVRO

Apresentar o cumprimento gradual das promessas feitas a Abraão: seus descendentes seriam o povo de Deus e ocupariam a terra de Canaã.

INFORMAÇÕES IMPORTANTES

Números relata o período de 38 anos de peregrinação do povo de Deus pelo deserto depois da aliança do Sinai (Nm 1.1), até chegar a Moabe, nos limites da terra prometida. Em contraste com o manso e obediente Moisés, o povo de Israel é apresentado como rebelde e murmurador.

Números revela a ação de Deus na História, voltada a redimir a criação e glorificar seu nome. É uma ação graciosa, mas que revela a ira divina.

RESUMO DO LIVRO

- O primeiro censo de Israel — Nm 1–4
- Mandamentos sobre pureza — Nm 5–10.10
- Viagem do Sinai a Cades — Nm 10.11–12.16
- A rebelião mantém o povo estagnado — Nm 13.1–20.13
- Viagem de Cades a Moabe — Nm 20.14–22.1
- Nas planícies de Moabe: Balaão, o segundo censo e instruções — Nm 22.2–32.42
- Questões variadas — Nm 33–36

SIGNIFICADO DO NOME

Estabelecido na Septuaginta, "Números" tem essa designação por causa das listas do censo registradas nos capítulos 1 e 26. Em hebraico, o título original é *bemidbar*, que significa "no deserto", referência aos locais onde ocorreram os fatos relatados no livro.

CRISTO E NÚMEROS

O livro aponta para Jesus por símbolos, como a serpente de bronze, que prefigura sua crucificação e salvação (Jo 3.14-15), e o maná no deserto, que o representa como o pão da vida (Jo 6.31-35). Moisés como intercessor prefigura Jesus como mediador de uma nova aliança (Hb 9.15).

Números ensina para o povo de Deus da Antiga e da Nova Aliança (Rm 15.4; 1Co 10.6,11) que o Senhor derrama ira mesmo sobre sua gente, mas, apesar da desobediência, sua graça se renova e seu propósito redentor jamais será frustrado.

TEMAS

DEUS — POVO — TERRA

O Senhor chamou um povo específico e lhe prometeu dar uma terra – inicialmente, Jeová, Israel e Canaã. A promessa se mantém na Nova Aliança, com Jeová, a Igreja e o Reino de Deus em novos céus e nova terra.

PENTATEUCO

Livro Cinco

Deuteronômio

SIGNIFICADO DO NOME

"Deuteronômio" significa, a partir do grego, "segunda lei", com o sentido de "repetição da lei". O título original, em hebraico, é devarim, "palavras", da forma mais complexa *'elleh daddevarim*, "estas são as palavras".

AUTORIA

Moisés, segundo as tradições judaica e cristã, com base em trechos do livro (Dt 1.5; 31.9,22,24) e de outros livros da Bíblia (1Rs 2.3; 8,53; Mt 19.7,8; Mc 10.3-5; Jo 5.46-47; At 3.22-23; 7.37-38; Rm 10.19). Certamente, alguém mais redigiu partes do texto, como o início (Dt 1.1-5) e o relato da morte de Moisés (Dt 34).

NO NOVO TESTAMENTO

Existem no Novo Testamento quase cem citações de trechos de Deuteronômio e referências a ele.

CONTEXTO

Os fatos de Deuteronômio se passam após a morte no deserto da geração desobediente.

Escrito provavelmente por volta de 1406 a.C., apresenta os últimos discursos de Moisés ao povo de Israel em Moabe, próximo ao local onde o rio Jordão deságua no mar Morto.

Nessas falas, o patriarca renova a aliança, ressalta leis e transmite a liderança a Josué.

34 CAPÍTULOS

RESUMO DO LIVRO

- Preâmbulo (Dt 1.1-5)
- Prólogo histórico (Dt 1.6–4.43)
- Condições da aliança (Dt 4.44–26)
- Maldições e bênçãos ratificadas (Dt 27–30)
- Sucessão de liderança (Dt 31–33)
- A morte de Moisés (Dt 34)

TEMA DE DEUTERONÔMIO

O conteúdo de Deuteronômio é marcado pela temática da relação de amor entre Deus e seu povo, que remete à adoração e obediência. O cerne da teologia do livro está em Dt 6.4-9, o *Shemá* judaico.

CRISTO E DEUTERONÔMIO

Deuteronômio aponta para Cristo como o profeta maior prometido, o perfeito cumpridor da Lei e o mediador do novo pacto. As bênçãos e maldições ilustram a redenção em Cristo, que toma as maldições sobre si e garante as bênçãos aos crentes.

LIVROS HISTÓRICOS

Livro seis

Josué

JAVÉ LIBERTOU

(No Hebraico)

O nome "Josué" vem do hebraico *Yehoshua*, que significa "*Yahweh* [Javé] é a salvação" ou "*Yahweh* [Javé] é o meu auxílio". O filho de Num originariamente se chamava Oseias (do hebraico *Oshea*), que significa "salvação" (Nm 3.8), nome que foi mudado por Moisés (Nm 3.16). O nome "Jesus" deriva de sua versão grega.

AUTORIA

Não se sabe. Pela tradição judaica, o próprio Josué, com a seção sobre seu sepultamento escrita por Eleazar, filho de Arão. Como a expressão "até hoje" ocorre doze vezes no texto, isso sugere uma redação próxima aos fatos narrados. Josué 24.26 infere que Josué escreveu pelo menos parte do livro.

Muitos estudiosos, porém, consideram que não foi escrito antes do fim do período dos reis, cerca de oitocentos anos depois dos acontecimentos relatados.

INFORMAÇÕES GERAIS

Josué relata, essencialmente, a entrada do povo de Deus na terra prometida, a campanha bélica para a conquista de Canaã e a distribuição do território entre as tribos após a vitória. Os fatos teriam ocorrido entre 1406 e 1220 a.C., período que se encaixa historicamente na era conhecida como Alta Idade do Bronze.

24 CAPÍTULOS

CRISTO E JOSUÉ

O livro aponta para Jesus ao mostrar Josué como um tipo de Cristo, liderando o povo de Deus para a terra prometida, simbolizando a liderança de Jesus na salvação. A conquista de inimigos por Josué.

TEMAS ABORDADOS

Existem diferentes temas tratados em Josué como:

1. A garantia da presença do Deus amoroso e santo no meio do seu povo.
2. A importância da obediência a ele.
3. A aliança do Senhor com os que chama para si.
4. A promessa de um destino tão esperado para os escolhidos.

RESUMO DO LIVRO

A entrada em Canaã
Js 1.1–5.12

A conquista da terra prometida
Js 5.13–12

A partilha do território
Js 13–21

Unidade das tribos e lealdade a Deus
Js 22–24

Livro sete

LIVROS HISTÓRICOS

Juízes

SIGNIFICADO DO NOME

"Juízes" vem do hebraico *shofetim*, designação de personagens que dirigiram o povo de Israel e se esforçaram para protegê-lo de nações agressoras. Eles não apenas julgavam, mas tinham papel de governo, libertação e liderança bélica. Atuaram entre a morte de Josué e o início da monarquia (séculos 13 a 11 a.C.).

Personagens Principais

DÉBORA · GIDEÃO · JEFTÉ · SANSÃO

21 CAPÍTULOS

AUTORIA

Não se sabe. A tradição aponta Samuel como o autor, mas é possível que pessoas, como os profetas Natã e Gade, tenham ajudado na compilação do texto (1Cr 29.29).

OBJETIVO

Não se conhece o período exato em que Juízes foi escrito, mas a expressão frequente "Naquela época não havia rei em Israel" (Jz 17.6; 18.1; 19.1; 21.25) dá a entender uma data após a instauração da monarquia.

CRISTO E JUÍZES

Juízes revela a necessidade de um salvador definitivo em razão da contínua falha humana e dos ciclos de pecado, destacando a insuficiência dos juízes temporários. Isso aponta para Cristo como o Juiz perfeito e eterno

TEMAS ABORDADOS

O ponto focal da teologia do livro é o senhorio de Deus sobre seu povo. A aliança no Sinai (Êx 19–24) é renovada por Moisés (Dt 29) e Josué (Js 24), mas os israelitas repetidamente rejeitam a soberania de Jeová, seguindo falsos deuses. Inicia uma série de ciclos que seguem a seguinte estrutura:

1. O povo de Deus peca →
2. O Senhor o entrega a povos inimigos →
3. O povo de Deus passa anos em servidão →
4. O povo de Deus clama por ele →
5. O Senhor levanta e capacita um libertador →
6. O povo de Deus derrota o inimigo →
7. Instaura-se a paz

ESTRUTURA DO LIVRO

- Prólogo: apostasia e conquista incompleta — Jz 1–3.6
- Otoniel derrota Arã — Jz 3.7-11
- Eúde derrota Moabe — Jz 3.12-30
- Sangar — Jz 3.31
- Débora derrota Canaã — Jz 4–5
- Gideão derrota Midiã — Jz 4–5
- A opressão de Abimeleque — Jz 9
- Tolá — Jz 10.1-2
- Jair — Jz 10.3-5
- Jefté derrota Amom — Jz 10.6–12.7
- Ibsã — Jz 12.8-10
- Elom — Jz 12.11-12
- Abdom — Jz 12.13-15
- Sansão refreia a Filístia — Jz 13–16
- Epílogo: desordens religiosas e morais — Jz 17–21

LIVROS HISTÓRICOS

Livro Oito

Rute

SIGNIFICADO DO NOME

"Rute" significa "amiga", "companheira". O livro recebe o nome da protagonista, jovem estrangeira de Moabe, que viria a se tornar bisavó do rei Davi e antepassada de Jesus (Mt 1.1).

CARÁTER PROFÉTICO

Embora Deus houvesse estabelecido aos israelitas não se misturar com outros povos, a inserção de uma moabita na genealogia do Messias (Mt 1.5) prefigura, profeticamente, a universalidade da obra redentora de Jesus.

04 CAPÍTULOS

RESUMO DO LIVRO

- Noemi perde tudo — Rt 1.1-5
- Noemi volta de Moabe a Belém — Rt 1.6-22
- O encontro de Rute e Boaz — Rt 2
- Rute vai a Boaz na eira — Rt 3
- Boaz resolve o casamento com Rute — Rt 4.1-12
- Noemi é restituída — Rt 4.13-17
- Genealogia de Davi — Rt 4.18-22

OBJETIVO DO LIVRO

A história do livro possivelmente se passa no período dos juízes, mas estima-se que Rute tenha sido escrito durante o reinado de Salomão (século 10 a.C.). Rute e Ester são os únicos livros da Bíblia que recebem o nome de uma mulher. Redenção é o conceito principal do livro.

AUTORIA

Não se sabe. A tradição dos judeus atribui a autoria a Samuel, o que não é provável, visto que Rt 4.17,22 menciona Davi. Como Samuel morreu antes de Davi se tornar rei, a data de escrita deve ser posterior.

CRISTO E RUTE

Boaz foi redentor, prefigurando Cristo como o redentor da humanidade. Rute, uma estrangeira, simboliza a inclusão dos gentios na salvação divina. Além disso, a linhagem de Rute e Boaz leva a Davi e, eventualmente, a Jesus, destacando a continuidade da promessa messiânica.

TEMAS ABORDADOS

"A teologia de Rute mostra que Deus age sempre, mesmo que sua ação não seja explícita, e que ele recompensa com bênçãos a misericórdia e a lealdade. O livro é, assim, um relato da providência divina em ação, que traz louvor ao seu nome (Rt 4.14)."

LIVROS HISTÓRICOS

1Samuel

Livro nove

31 CAPÍTULOS

AUTORIA

Não se sabe. Segundo a tradição judaica, o próprio Samuel seria o autor, pelo menos de grande parte do texto, pois 1Sm 25.1; 28.3 relatam a morte do profeta. Com base em 1Cr 29.29, muitos creem que Samuel, Natã e Gade sejam os autores, mas há ainda a teoria de que seja o filho de Natã, Zabude (1Rs 4.5).

RESUMO DO LIVRO

- Nascimento, infância e chamado de Samuel — 1Sm 1–3
- Captura e restituição da arca; a liderança de Samuel — 1Sm 4–7
- Estabelecimento da monarquia em Israel: Saul — 1Sm 8–12
- Saul fracassa como rei — 1Sm 13–15
- Unção de Davi, serviço na corte e perseguição de Saul — 1Sm 16–24
- Morte de Samuel; Abigail — 1Sm 25
- Vitórias de Davi; declínio e morte de Saul — 1Sm 26–31

SIGNIFICADO DO NOME

1Samuel recebe o título em razão do profeta responsável em manter a aliança de Deus com Israel na transição do governo teocrático tribal dos juízes para a monarquia, tendo ungido Saul e Davi reis. O nome "Samuel" vem do hebraico *Shemu'el*, que significa "seu nome é Deus" ou "Deus ouve".

A MONARQUIA

Diz-se que a instauração de reis em Israel subverteu a vontade de Deus (1Sm 8.6-9). Porém, a monarquia cumpre as profecias de Gn 17.6,16; 35.11; 49.10. Portanto, o reinado cumpriu o propósito do Senhor. O problema é que a monarquia deveria ser teocrática, isto é, com reis que seguissem a Deus (Dt 17.14-20).

INFORMAÇÕES GERAIS

Originalmente, 1 e 2Samuel compunham um só livro. Provavelmente, os tradutores da Septuaginta (tradução pré-cristã do hebraico para o grego) optaram pela divisão em razão da extensão do texto. O objetivo central de 1Samuel é registrar como a monarquia foi implementada em Israel, cumprimento de profecias bíblicas (Gn 17.6,16; 35.11; 49.10).

TEMAS ABORDADOS

- 1Samuel trata de 4 temas principais:
  - O governo humano em uma monarquia (Dt 17.14-20; Êx 19.5-6);
  - O Reino de Deus (Mt 2.2; 4.23; 9.35; 21.5; 27.37,42; 1Pe 1.4; 2.9);
  - A soberania do Senhor (1Sm 2.6-7; Sl 33.11; Mt 25.34; Ef 1.4)
  - A aliança de Deus como meio de cumprimento de seus propósitos (2Sm 7.16).

LIVROS HISTÓRICOS

2Samuel

Livro dez

SIGNIFICADO DO NOME

O nome "Samuel" vem do hebraico *Shemu'el*, que significa "seu nome é Deus" ou "Deus ouve". Assim como 1Samuel, este segundo livro recebe o título em memória ao profeta responsável em manter a aliança de Deus com Israel na transição dos juízes para a monarquia.

AUTORIA

Não se sabe. Segundo a tradição judaica, o próprio Samuel seria o autor, pelo menos de grande parte do texto, pois 1Sm 25.1; 28.3 relatam a morte do profeta. Com base em 1Cr 29.29, muitos creem que Samuel, Natã e Gade sejam os autores, mas há ainda a teoria de que o autor seja o filho de Natã, Zabude (1Rs 4.5).

TEMAS ABORDADOS

2Samuel tem como foco apresentar Davi como o rei teocrático ideal, apesar de seus muitos pecados. O livro apresenta a promessa divina de que a dinastia davídica seria eterna (2Sm 7; Sl 89.34-37), o que se cumpre em Cristo (Is 9.6-7; 11.1-16; Jr 23.5-6; 30.8-9; 33.14-16; Ez 34.23-24; 37.24-25). Também relata as graves falhas de Davi (2Sm 11–12; 24.1-17).

TEMA PRINCIPAL

Assim como 1Samuel, o livro de 2Samuel trata de quatro temas teológicos principais: o governo humano em uma monarquia (Dt 17.14-20; Êx 19.5-6), o Reino de Deus (Mt 2.2; 4.23; 9.35; 21.5; 27.37,42; 1Pe 1.4; 2.9), a soberania do Senhor (1Sm 2.6-7; Sl 33.11; Mt 25.34; Ef 1.4) e a aliança de Deus como meio de cumprimento de seus propósitos (2Sm 7.16).

24 CAPÍTULOS

O MESSIAS VEM DA RAIZ DE DAVI

Três passagens de 2Samuel são essenciais para a compreensão messiânica do Antigo Testamento:

1. **2SAMUEL 7.12-16**
A promessa de Deus a Davi de que um descendente dele ocuparia o trono eternamente.

2. **2SAMUEL 22**
Embora não seja diretamente sobre o Messias, este capítulo é um cântico de Davi celebrando a salvação de Deus. Muitos paralelos entre este cântico e as profecias messiânicas são traçados, destacando a figura do Messias como o grande Salvador.

3. **2SAMUEL 23.1-7**
Último cântico de Davi registrado na Bíblia, onde ele fala sobre o Messias como aquele que seria justo e governaria com temor a Deus.

DIVISÃO

1 e 2Samuel formam originalmente um único livro, mas provavelmente a divisão ocorreu quando foram traduzidos para o grego.

RESUMO DO LIVRO

- Davi governa Judá — 2Sm 1–4
- Davi governa todo Israel — 2Sm 5
- A arca em Jerusalém — 2Sm 6
- Promessa de uma dinastia eterna — 2Sm 7
- Vitórias militares de Davi — 2Sm 8
- A restituição a Mefibosete — 2Sm 9
- Guerra contra os amonitas — 2Sm 10
- Adultério com Bate-Seba e homicídio de Urias — 2Sm 11–12.25
- Problemas no reinado — 2Sm 12.26–20
- Últimos anos — 2Sm 21–24

LIVROS HISTÓRICOS

1Reis

Livro onze

SIGNIFICADO DO NOME

O título "1Reis" vem da divisão dos livros de Reis na Bíblia hebraica e na Septuaginta grega. Refere-se ao reinado dos diversos monarcas em Israel, desde a morte do rei Davi até o reinado de Acabe e a sucessão de seus filhos.

22 CAPÍTULOS

AUTORIA

Embora não seja explicitamente mencionado, a tradição atribui a autoria ao profeta Jeremias. Contudo, muitos estudiosos modernos sugerem que o livro pode ter sido compilado e editado por escribas e profetas durante o período do exílio ou após o retorno dos cativos.

RESUMO DO LIVRO

- O reinado de Salomão — 1Rs 1–11
- O reinado de Roboão e a divisão do reino — 1Rs 12–14
- O reinado de Abias e Asa em Judá — 1Rs 15
- O reinado de Nadabe, Baasa, Elá, Zinri e Onri em Israel — 1Rs 12–14
- O reinado de Acabe e o ministério de Elias — 1Rs 17
- Elias e os profetas de Baal — 1Rs 18
- Elias foge para o Horebe e o chamado de Eliseu — 1Rs 19
- A guerra contra a Síria — 1Rs 20
- Acabe e Jezabel contra Nabote — 1Rs 21
- A batalha de Ramote-Gileade e a morte de Acabe — 1Rs 22

1REIS E CRISTO

Em 1Reis, Salomão prefigura Jesus como um rei sábio e construtor do templo; as falhas dos monarcas humanos ressaltam a necessidade de um rei perfeito; a injustiça de Acabe destaca a necessidade da justiça que Jesus traz; e a fidelidade de Deus à aliança com Davi é cumprida em Jesus, o eterno Filho de Davi.

OBJETIVO DO LIVRO

1Reis continua a narrativa histórica de Israel após a morte do rei Davi. Descreve os reinados de Salomão, Roboão e Jeroboão, além de outros reis, até o governo de Acabe. O texto destaca a contínua luta de Israel para manter sua identidade como nação escolhida por Deus, enquanto enfrenta ameaças internas e externas.

TEMAS ABORDADOS

1. A teologia de 1Reis enfatiza a importância da obediência a Deus e os resultados da desobediência.
2. A queda de Salomão em virtude da idolatria e da desobediência mostra a necessidade de fidelidade ao Senhor e à sua aliança.
3. O livro também destaca a soberania de Deus sobre os reinos da Terra e a fidelidade em manter suas promessas.

LIVROS HISTÓRICOS

2Reis

Livro doze

SIGNIFICADO DO NOME

O título "2Reis" vem da continuidade da história dos reis de Israel e de Judá, cobrindo o período desde a morte de Acabe até o exílio do Reino do Sul. Registra os sucessos e fracassos dos governantes, a influência dos profetas e os eventos que levaram à queda de ambos os reinos.

AUTORIA

Assim como em 1Reis, o autor de 2Reis não é identificado explicitamente. A tradição atribui a autoria a Jeremias, embora seja mais provável que o livro tenha sido compilado e editado por escribas e profetas.

INFORMAÇÕES GERAIS

2Reis continua a narrativa de Israel e de Judá e descreve os reinados de diversos monarcas, citando Elias e Eliseu como profetas ativos durante o período. O livro culmina com a queda de Judá diante do Império Babilônico e o exílio do povo de Deus.

FORMAÇÃO DO LIVRO

1 e 2Reis são resultados da compilação do autor a partir de vários documentos escritos, entre eles 1 e 2Crônicas.

25 CAPÍTULOS

TEMAS ABORDADOS

1. A teologia de 2Reis enfatiza a justiça e o julgamento de Deus sobre as nações.
2. Os eventos narrados destacam a importância da fidelidade ao Senhor e as consequências da idolatria e da desobediência.
3. Apesar das falhas dos reis e do povo, Deus continua a agir em misericórdia e julgamento de acordo com a sua vontade.

RESUMO DO LIVRO

- Reinado de Acazias e ascensão de Eliseu — 2Rs 1–2
- Reinado de Jorão e milagres de Eliseu — 2Rs 3–8.15
- Reinados de Jeorão, Acazias, Jeú, Joacaz, Joás e Amazias — 2Rs 8.16–14
- Reinados de Jeroboão II, Azarias, Jotão e Menaém — 2Rs 15
- Reinados de Acaz e Oseias e a queda de Samaria — 2Rs 16-17
- Reinado de Ezequias — 2Rs 18-20
- Reinados de Manassés e Amom — 2Rs 21
- Reinado de Josias — 2Rs 22–23.30
- Fim de Judá e o exílio babilônico — 2Rs 23.31–25

2REIS E CRISTO

2Reis aponta para Cristo por meio dos milagres de Eliseu; da necessidade de um rei perfeito; do juízo e da esperança de redenção; da graça de Deus alcançando todas as nações; e da promessa de um reino eterno — todos culminando em Jesus como o cumprimento das promessas divinas.

ELIAS PEDE FOGO DO CÉU PARA CONSUMIR OS SEUS INIMIGOS

NAAMÃ É CURADO APÓS SETE MERGULHOS

LIVROS HISTÓRICOS

1Crônicas

Livro treze

SIGNIFICADO DO NOME

Na Bíblia hebraica, 1Crônicas e 2Crônicas são conhecidos coletivamente como *Divrei HaYamim*, traduzido por "as palavras dos dias" ou "os eventos dos dias". O título "Crônicas" é derivado do grego *paralipomenon*, que significa "coisas omitidas" ou "restantes dos atos", por seu caráter complementar aos relatos de Samuel e Reis.

AUTORIA

Não se sabe. A tradição considera o escriba Esdras, como autor, o qual teria compilado os registros históricos após o exílio babilônico (Ed 7.6,10).

OBJETIVO DO LIVRO

1Crônicas visa recontar a história de Israel, com ênfase na linhagem de Davi e nas promessas de Deus ao seu povo. Destaca a fidelidade divina e a importância de adorar e obedecer ao Senhor.

29 CAPÍTULOS

DATA ESCRITA

Provavelmente foi escrito durante ou logo após o Exílio. Pode ser considerado complementar a 1 e 2Samuel e 1 e 2Reis.

RESUMO DO LIVRO

- Genealogias de Israel — 1Cr 1-9
- Morte de Saul e reinado de Davi — 1Cr 10-12
- Conquistas de Davi — 1Cr 13-14
- Preparativos para o templo — 1Cr 15-17
- Pacto de Deus com Davi — 1Cr 17
- Organização dos levitas — 1Cr 23-26
- Preparativos para o templo — 1Cr 28-29.25
- Morte de Davi — 1Cr 29.26-30

TEMAS ABORDADOS

1. 1Crônicas enfatiza a soberania de Deus, a importância da adoração correta e a continuidade da linhagem davídica.
2. O livro reafirma a promessa do Senhor de estabelecer a casa de Davi para sempre (1Cr 17.11-14), apontando para a fidelidade e a santidade de Deus.

1CRÔNICAS E CRISTO

1Crônicas destaca a linhagem messiânica de Davi, que culmina em Jesus Cristo, o descendente prometido que cumpriria as promessas de Deus. A aliança davídica (1Cr 17.11-14) é um prenúncio da realeza eterna de Cristo (Lc 1.32-33).

Livro quatorze

LIVROS HISTÓRICOS

2Crônicas

SIGNIFICADO DO NOME

Junto a 1Crônicas, na Bíblia hebraica, 2Crônicas é conhecido como *Divrei HaYamim*, traduzido por "as palavras dos dias" ou "os eventos dos dias". O título "Crônicas" é derivado do grego *paralipomenon*, que significa "coisas omitidas" ou "restantes dos atos", por seu caráter complementar aos relatos de Samuel e Reis.

DATA ESCRITA

Provavelmente foi escrito durante ou logo após o Exílio. Pode ser considerado complementar aos livros de Reis.

36 CAPÍTULOS

AUTORIA

Não se sabe. A tradição considera o escriba Esdras como autor, o qual teria compilado os registros históricos após o cativeiro babilônico (Ed 7.6,10), com o intuito de fortalecer a identidade religiosa e nacional do povo de Israel após o exílio.

RESUMO DO LIVRO

- Reinado de Salomão — 2Cr 1–9
- Reinado de Roboão — 2Cr 10
- Reinados de Abias, Asa, Josafá, Jeorão, Acazias e Atalia — 2Cr 11–24
- Reinados de Joás, Amazias, Uzias, Jotão, Acaz e Ezequi — 2Cr 25–32
- Reinados de Manassés, Amom, Josias, Jeoacaz, Joaquim, Jeoaquim e Zedequias — 2Cr 33–36

TEMAS ABORDADOS

1. 2Crônicas sublinha a centralidade do templo e do culto a Deus, além de destacar a importância da obediência à Lei.
2. O livro demonstra como a fidelidade dos reis influenciava a bênção ou o julgamento divino sobre a nação.

OBJETIVO DO LIVRO

2Crônicas continua a história iniciada em 1Crônicas, focando os reinados dos reis de Judá, desde Salomão até o cativeiro babilônico. O livro pretende exortar o povo à fidelidade a Deus, destacando as consequências da obediência e da desobediência.

2CRÔNICAS E CRISTO

A dedicação do templo por Salomão (2Cr 6–7) prefigura a obra de Jesus como o verdadeiro templo de Deus (Jo 2.19-21). Além disso, a promessa de um reinado eterno por meio da linhagem de Davi aponta para o reino eterno de Cristo (Mt 1.1; Lc 1.32-33).

LIVROS HISTÓRICOS

Livro quinze

Esdras

SIGNIFICADO DO NOME

O nome "Esdras" significa "ajuda" ou "auxílio", o que ou reflete o papel do personagem principal na restauração espiritual e física de Israel ou pode apontar para Deus como ajudador e auxiliador.

AUTORIA

Embora o autor do livro de Esdras não seja especificamente identificado, muitos estudiosos atribuem a autoria ao escriba Esdras. Sua ênfase na Lei e na restauração do culto judaico sugere uma conexão próxima com aquela figura histórica.

OBJETIVO DO LIVRO

Esdras narra o retorno dos exilados judeus da Babilônia à terra de Judá, sob o decreto de Ciro, rei da Pérsia. O livro detalha a reconstrução do templo em Jerusalém, bem como os esforços de Esdras para restaurar a Lei de Moisés e a adoração verdadeira entre o povo.

10 CAPÍTULOS

PERSONAGEM PRINCIPAL

Esdras

TEMAS ABORDADOS

1. O livro de Esdras enfatiza a importância da fidelidade a Deus e à sua Palavra, mesmo em meio a dificuldades e oposição.
2. A restauração espiritual de Israel, simbolizada pela reconstrução do templo e a renovação da aliança, destaca a misericórdia e o cuidado de Deus com seu povo, mesmo após o exílio.

RESUMO DO LIVRO

- O retorno dos exilados da Babilônia sob Zorobabel — Ed 1–2
- A reconstrução do templo em Jerusalém — Ed 3–6
- O retorno de Esdras a Jerusalém e a reforma religiosa — Ed 7–10

ESDRAS E CRISTO

O livro aponta para Jesus ao mostrar a fidelidade de Deus em cumprir suas promessas após o Exílio. Esdras restaura o culto a Deus e a obediência à Lei, simbolizando a reconciliação espiritual que é plenamente realizada em Cristo. O livro enfatiza a importância da Palavra de Deus, preparando o caminho para Jesus, a Palavra viva e encarnada, que restaura a comunhão entre o Senhor e a humanidade.

LIVROS HISTÓRICOS

Neemias

Livro dezesseis

SIGNIFICADO DO NOME

O livro de Neemias é uma peça vital na história da restauração de Jerusalém após o exílio babilônico. Neemias, cujo nome significa "YHWH [Javé] consola", desempenha um papel central na reconstrução dos muros de Jerusalém e na revitalização espiritual do povo judeu.

AUTORIA

O próprio Neemias é geralmente aceito como o autor do livro que leva seu nome. Ele era um judeu que servia como copeiro do rei Artaxerxes, da Pérsia. Sua posição privilegiada e sua fé fervorosa o capacitaram a liderar a restauração de Jerusalém.

OBJETIVO DO LIVRO

O texto narra o retorno de Neemias a Jerusalém, onde ele lidera o esforço para reconstruir os muros da cidade que haviam sido destruídos. O livro detalha não apenas os aspectos físicos da reconstrução, mas também as batalhas espirituais e os desafios enfrentados por Neemias e seu povo.

13 CAPÍTULOS

O PODER DA PALAVRA

Uma das passagens mais emocionantes em Neemias é o relato da leitura pública da Lei, no capítulo 8. Quando Esdras lê o Livro da Lei para o povo, há uma resposta profunda e sincera de arrependimento e compromisso com Deus. Esse evento marca um momento significativo na renovação espiritual de Israel e destaca o poder transformador da Palavra de Deus.

RESUMO DO LIVRO

Chamado e preparação de Neemias
Ne 1–2

A reconstrução dos muros
Ne. 3–7

Reformas sociais e religiosas
Ne. 8–13

O NOME NEEMIAS SIGINIFICA "DEUS CONSOLOU"

NEEMIAS E CRISTO

O livro aponta para Jesus ao prefigurar Cristo como o grande restaurador e redentor. Neemias reconstrói as muralhas de Jerusalém e reforma a comunidade, simbolizando a obra de Cristo que restaura e renova o povo de Deus. Assim como Neemias intercedeu pelo povo e enfrentou oposição, Jesus intercede por nós e vence o pecado e a morte. Neemias protege Jerusalém, refletindo Cristo como nossa proteção e a pedra angular da Igreja.

TEMAS ABORDADOS

1. Neemias é um testemunho vívido da fidelidade de Deus em cumprir suas promessas e da importância da oração e da ação humana na realização dos propósitos divinos.
2. A liderança corajosa e compassiva de Neemias inspira os crentes a confiar em Deus e a trabalhar arduamente em prol da justiça e da restauração nos próprios contextos.

LIVROS HISTÓRICOS

Livro dezessete

Ester

SIGNIFICADO DO NOME

O nome "Ester" significa "estrela", em persa, refletindo a beleza e o papel proeminente da protagonista no relato.

AUTORIA

O autor do livro de Ester não é especificamente identificado no texto. Alguns estudiosos sugerem que pode ter sido Mordecai ou Mardoqueu, primo da protagonista, dado o seu envolvimento central na história. No entanto, a autoria permanece incerta.

RESUMO DO LIVRO

A escolha de Ester como rainha	A conspiração de Hamã	A vitória dos judeus e o Purim
Et 1–2	Et 3–5	Et 6–10

OBJETIVO DO LIVRO

O livro de Ester conta a história de uma jovem judia que se torna rainha do Império Persa. A trama se desenrola em meio a intriga política, conspiração e perigo para o povo judeu. Ester, com coragem e sabedoria, desempenha um papel crucial na proteção de seu povo da destruição.

10 CAPÍTULOS

ESTER E CRISTO

O livro de Ester aponta para Jesus por meio do tema da providência divina e da preservação do povo de Deus, que prefigura a obra redentora de Cristo. Ester, como mediadora que arrisca sua vida para salvar o povo judeu do extermínio, é vista como um tipo de Cristo, que se entregou para salvar a humanidade da condenação. A história destaca a soberania de Deus em orquestrar eventos para a realização de seus propósitos salvadores, o que culmina na vinda do Messias prometido.

OCASIÃO HISTÓRICA

A história ocorre durante o reinado de Assuero (Xerxes I) no Império Persa, no século 5 a.C., após o exílio babilônico. A narrativa se passa na cidade de Susã.

RAINHA ESTER DA PÉRSIA

TEMAS ABORDADOS

1. Embora Deus não seja mencionado explicitamente no livro, sua providência é evidente em toda a narrativa.
2. Os eventos aparentemente coincidentes e as reviravoltas dramáticas revelam o cuidado e a intervenção divina para proteger e preservar seu povo, mesmo em meio a circunstâncias adversas.

LIVROS POÉTICOS

Jó

Livro dezoito

SIGNIFICADO DO NOME

O nome "Jó" pode significar "perseguido" ou "odiado", refletindo a experiência do personagem principal, que enfrenta grandes sofrimentos e provações.

AUTORIA

Não se sabe. É tradicionalmente atribuída a Moisés ou a um autor anônimo que viveu na mesma época.

OBJETIVO DO LIVRO

O livro de Jó narra a história de um homem justo e íntegro que enfrenta uma série de tragédias devastadoras, incluindo a perda de família, saúde e riquezas. As discussões entre Jó e seus amigos exploram questões profundas sobre o sofrimento humano, a justiça de Deus e a natureza do mal.

42 CAPÍTULOS

RESUMO DO LIVRO

- A provação de Jó — Jó 1–2
- O lamento de Jó — Jó 3
- Primeiro ciclo de diálogos entre Jó e seus amigos — Jó 4–14
- Segundo ciclo de diálogos entre Jó e seus amigos — Jó 15–21
- Terceiro ciclo de diálogos entre Jó e seus amigos — Jó 22–31
- Discursos de Eliú — Jó 32–37
- Primeiro discurso do Senhor — Jó 38–39
- Resposta de Jó ao primeiro discurso do Senhor — Jó 40.1–5
- Segundo discurso do Senhor — Jó 40.6–41
- Resposta final de Jó e sua restauração — Jó 42

AS PROVAÇÕES DE JÓ

1. Perda dos bens materiais e dos filhos
2. O abalo do seu casamento
3. Perda dos melhores amigos
4. Perda da saúde
5. Perda da reputação
6. Provação espiritual

JÓ E CRISTO

Jó sofre sendo inocente, o que prefigura o sofrimento de Cristo como o Servo Sofredor. Jó intercede por seus amigos, refletindo o papel de Cristo como o intercessor pelos pecadores. A justificação pela fé, tema central em Jó, aponta para a justificação pela fé em Cristo no Novo Testamento. Finalmente, o sofrimento de Jó seguido por restauração e bênçãos abundantes reflete a vitória e a glória vindoura de Cristo e dos salvos.

TEMAS ABORDADOS

1. O livro de Jó desafia as concepções tradicionais sobre o sofrimento e a justiça divina, explorando questões profundas sobre a natureza de Deus e o propósito do sofrimento humano.
2. Embora não forneça respostas fáceis, Jó destaca a importância da confiança e da fé em Deus, mesmo em meio às circunstâncias mais difíceis.

LIVROS POÉTICOS

Livro dezenove

Salmos

SIGNIFICADO DO NOME

Salmos é uma coleção de cânticos e poemas que expressam uma ampla gama de manifestações humanas, incluindo louvor, adoração, gratidão, arrependimento, tristeza, alegria e confiança em Deus. O nome "Salmos" no hebraico é *Tehillim*, que significa "louvores", ou "cânticos de louvor", e deriva do grego *psalmos*, que se refere a "música acompanhada por instrumento de corda".

150

SALMOS

SALMOS É O LIVRO DO ANTIGO TESTAMENTO MAIS CITADO NO NOVO TESTAMENTO

SALMOS E CRISTO

era uma expressão da alma dos autores

Salmos revela Jesus com profecias detalhadas sobre sua vida e ministério (cf. Sl 22; 110) e até imagens e atributos messiânicos que encontram seu cumprimento nele como Rei, Pastor, Justo e Salvador.

AUTORIA

O livro de Salmos foi escrito por muitos autores, com base em títulos que aparecem no início de cada salmo nas versões hebraica e grega. Questões críticas e históricas podem levantar dúvidas sobre a autenticidade de algumas atribuições específicas. Os autores e os salmos de sua autoria seriam: Davi (73 salmos), Moisés (Sl 90), Salomão (Sl 72; 127), Asafe (Sl 50; 73–83), Hemã (Sl 88) e Etã (Sl 89).

TEMAS ABORDADOS

1. Salmos revela uma teologia profunda e abrangente, que destaca a soberania, a bondade, a misericórdia e a fidelidade de Deus.
2. Também explora a natureza humana, revelando a fragilidade e a necessidade do ser humano, bem como a resposta adequada à grandeza de Deus: adoração, confiança e obediência.

RESUMO DO LIVRO

- Salmos de louvor e adoração — Sl 1–41
- Salmos de lamento e súplica — Sl 42–72
- Salmos de confiança e esperança — Sl 73–89
- Salmos de gratidão e louvor — Sl 90–106
- Salmos de confissão e arrependimento — Sl 107–150

LIVROS POÉTICOS

Livro vinte

Provérbios

SIGNIFICADO DO NOME

O livro de Provérbios é uma coleção de sabedoria prática e conselhos morais destinados a orientar os leitores na tomada de decisões sábias e na condução de uma vida justa e virtuosa. O título "Provérbios" deriva da palavra hebraica *mashal*, que significa "parábola" ou "ditado".

AUTORIA

O rei Salomão é tradicionalmente creditado como o principal autor do livro de Provérbios, embora também contenha contribuições de outros sábios, incluindo Agur e o rei Lemuel.

OBJETIVO DO LIVRO

Provérbios oferece conselhos práticos sobre uma ampla gama de temas, incluindo sabedoria, justiça, trabalho, amizade, família, finanças, fala e moralidade. Os ensinamentos são frequentemente apresentados em forma de parábolas, metáforas e comparações, tornando-os acessíveis e memoráveis.

RESUMO DO LIVRO

Provérbios de Salomão
Pv 1–9

Provérbios de Salomão compilados por outros
Pv 10–24

Provérbios de Salomão compilados por Ezequias
Pv 25–29

Provérbios de Agur e do rei Lemuel
Pv 30–31

TEMAS ABORDADOS

1. O livro de Provérbios ensina de forma central que o temor do Senhor é o princípio da sabedoria e que a busca de sabedoria é essencial para uma vida de integridade, bênçãos e sucesso.

2. Ele destaca a importância de disciplina, humildade, justiça e respeito aos outros como marcas de uma vida sábia e piedosa.

¡31! CAPÍTULOS

PROVÉRVIOS E CRISTO

A sabedoria personificada em Provérbios (Pv 8.1-36) prefigura Jesus como a própria Sabedoria de Deus manifestada (1Co 1.30). Além disso, contrasta o caminho da sabedoria e da vida com o caminho dos tolos e ímpios, que leva à destruição (Pv 12.28; 14.12), antecipando Cristo como o caminho, a verdade e a vida (Jo 14.6), que oferece vida abundante e eterna aos que o seguem.

LIVROS POÉTICOS

Eclesiastes

Livro vinte e um

SIGNIFICADO DO TÍTULO

O termo "Eclesiastes" vem do grego e significa "pregador" ou "membro da assembleia". Na Bíblia hebraica, o livro se chama *Qohelet*, isto é, "pregador" ou "professor".

AUTORIA

A tradição atribui a autoria a Salomão, o filho de Davi, conhecido por sua sabedoria (Ec 1.1-12). No entanto, alguns estudiosos sugerem que o livro pode ter sido escrito por um autor posterior, influenciado pela sabedoria salomônica.

OBJETIVOS DO LIVRO

Refletir sobre a futilidade e a transitoriedade da vida humana quando vivida sem o temor a Deus. Eclesiastes examina a busca do significado e a satisfação em um mundo imperfeito e muitas vezes injusto.

12 CAPÍTULOS

RESUMO DO LIVRO

- A futilidade de tudo — Ec. 1-1-11
- Busca da sabedoria — Ec 1.12-18
- Prazer e trabalho — Ec. 2
- Tempos e estações — Ec. 3
- Justiça e maldade — Ec. 4
- Cumprimento dos votos — Ec 5.1-7
- Riqueza e pobreza — Ec 5.8-20
- O valor da sabedoria — Ec 6–7
- Obediência ao rei — Ec 8
- Incerteza da vida — Ec 9.1-12
- Sabedoria e loucura — Ec 9.13–10.20
- Generosidade e juventude — Ec 5.1-7
- Temor a Deus e conclusão — Ec 12

A INSIGNIFICÂNCIA DA VIDA SEM DEUS

QUAL O SENTIDO DA VIDA?

ECLESIASTES E CRISTO

Eclesiastes destaca a insuficiência da vida sem Deus e a busca do sentido, que é plenamente satisfeita em Jesus (Jo 10.10; 8.12). O livro menciona o julgamento final, cumprido por Cristo como juiz (At 17.31). Além disso, Jesus resolve a inquietação existencial descrita em Eclesiastes (Mt 11.28-30).

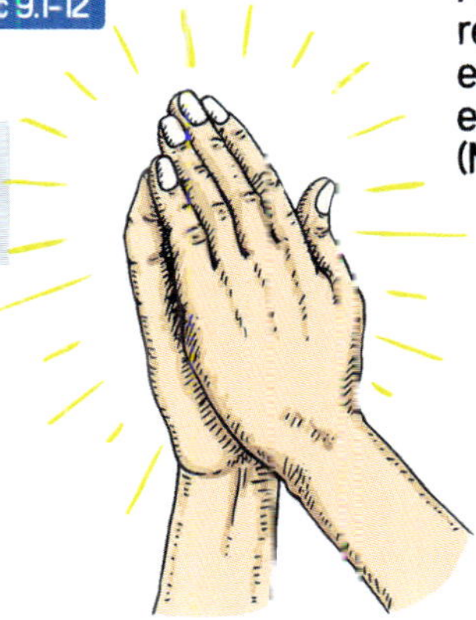

LIVROS POÉTICOS

Cântico dos Cânticos

Livro vinte e dois

SIGNIFICADO DO NOME

A versão "Cântico dos Cânticos" significa "o mais excelente dos cânticos", superlativo que denota a importância e a beleza singular desse poema.

AUTORIA

É incerta. A tradição atribui a autoria a Salomão, famoso por seus numerosos cânticos (1Rs 4.32).

OBJETIVOS DO LIVRO

Celebrar o amor romântico e o casamento como dons de Deus. Muitos enxergam como uma alegoria do amor entre Deus e seu povo.

8 CAPÍTULOS

Também chamado de

CANTARES

DATA DA ESCRITA

Provavelmente cantares de Salomão foi escrito em 960 e 31 a.C

TEMAS ABORDADOS

1. O livro celebra como bons, desejáveis e divinos o amor e a intimidade entre homem e mulher no casamento.
2. Seus temas incluem amor e desejo (Ct 1.2; 2.16), beleza e atração (Ct 4.1-7), busca e encontro (Ct 3.1-4; 5.2-8) e compromisso e fidelidade (Ct 6.3; 8.6-7).

RESUMO DO LIVRO

- O anseio dos amantes — Ct 1.1-17
- A beleza do amado e da amada — Ct 2.1–3.5
- O cortejo e a união — Ct 3.6–5.1
- A busca da amada — Ct 5.2–6.3
- A beleza da amada — Ct 6.4–7.9
- O desejo e a fidelidade — Ct 7.10–8.4
- A força do amor — Ct 8.5-14

CÂNTICO DOS CÂNTICOS E CRISTO

Alegoricamente, Cântico dos Cânticos antecipa o relacionamento íntimo entre Cristo e a Igreja, descrito no Novo Testamento como um casamento (Ef 5.25-27; Ap 19.7-9). O amor apaixonado e comprometido do livro reflete o amor sacrificial de Jesus (Jo 15.13).

PROFETAS MAIORES

Isaías

Livro vinte e três

Isaías significa, em hebraico,

O SENHOR SALVA

AUTORIA

Profeta Isaías, filho de Amoz, que exerceu seu ministério durante os reinados de Uzias, Jotão, Acaz e Ezequias, reis de Judá (Is 1.1). Seu ministério profético durou aproximadamente sessenta anos, de 740 a 680 a.C.

OBJETIVO DO LIVRO

Anunciar a salvação do Senhor e a vinda do Messias. Isaías profetiza tanto a destruição quanto a restauração de Israel, apresentando visões de julgamento e esperança. Ele também aborda temas como a santidade de Deus, o pecado de Judá e das nações e a futura glória de Jerusalém.

66 CAPÍTULOS

RESUMO DO LIVRO

- Introdução e visão de Isaías — Is 1
- Chamado de Isaías e primeiras profecias — Is 2–6
- Acaz e a profecia do Emanuel — Is 7–12
- Oráculos contra as nações — Is 13–23
- Juízo de Deus sobre a Terra — Is 24–27
- Profecias sobre Judá e Israel — Is 28–35
- Ezequias — Is 36–39
- Consolo para o povo de Deus — Is 40–48
- O Servo Sofredor e a redenção pelo Messias — Is 49–55
- Salvação e o futuro glorioso de Sião — Is 56–66

TEMAS ABORDADOS

1. Isaías enfatiza a santidade e soberania de Deus, demonstrando que ele é tanto juiz quanto salvador.
2. A necessidade de arrependimento e a certeza da redenção divina para os que confiam no Senhor.

ISAÍAS E CRISTO

Isaías aponta diretamente para Cristo como o Servo Sofredor que levaria sobre si os pecados da humanidade (Is 53). Ele também profetiza sobre o nascimento virginal do Messias (Is 7.14) e sua divindade (Is 9.6-7). Isaías é fundamental para entender a obra redentora de Jesus e a esperança messiânica cumprida nele.

CURIOSIDADES

1. Isaías é frequentemente citado no Novo Testamento, com aproximadamente 66 referências diretas.
2. O capítulo 53 é considerado um dos textos messiânicos mais claros do Antigo Testamento.
3. Isaías usa o título "Santo de Israel" cerca de 25 vezes para se referir a Deus.

PROFETAS MAIORES

Jeremias

Livro vinte e quatro

SIGNIFICA

O SENHOR EXALTA

AUTORIA

O profeta Jeremias é reconhecido como o autor do livro que leva seu nome, embora seu escriba, Baruque, tenha desempenhado um papel significativo na escrita e compilação das profecias (Jr 36.4). Jeremias era filho do sacerdote Hilquias, da cidade de Anatote, na terra de Benjamim (Jr 1.1).

Chamado por Deus para ser profeta ainda jovem (Jr 1.4-10), serviu durante os reinados de Josias, Jeoaquim e Zedequias, presenciando a destruição de Jerusalém em 586 a.C.

52 CAPÍTULOS

JEREMIAS E CRISTO

A nova aliança prometida em Jeremias 31.31-34 é cumprida em Jesus, que instituí a Nova Aliança por meio de seu sacrifício na cruz (Lc 22.20). Jeremias aponta para a necessidade de um novo coração, algo que Cristo oferece por meio do Espírito Santo (Ez 36.26-27; Jo 3.5-6).

O sofrimento e o lamento de Jeremias também prefiguram o sofrimento de Cristo, que chorou sobre Jerusalém e enfrentou rejeição por amor ao seu povo (Mt 23.37; Jo 1.11).

TEMAS ABORDADOS

Jeremias destaca a justiça e a misericórdia de Deus: o Senhor exige fidelidade e justiça de seu povo, mas também promete redenção e renovação.

OBJETIVO DO LIVRO

Advertir Judá sobre o iminente julgamento de Deus por causa da sua contínua desobediência e idolatria e, ao mesmo tempo, oferecer esperança de restauração após o exílio. Jeremias destaca a necessidade de um novo coração e uma nova aliança entre Deus e seu povo.

JEREMIAS É CONHECIDO COMO O "PROFETA CHORÃO" POR CAUSA DE SUAS FREQUENTES LAMENTAÇÕES PELO DESTINO DO POVO.

RESUMO DO LIVRO

- Chamado e missão — Jr 1
- Profecias de julgamento contra Judá — Jr 2–25
- Conflitos e sofrimentos de Jeremias — Jr 26–29
- Promessas de restauração e Nova Aliança — Jr 30–33
- Profecias sobre a queda de Jerusalém — Jr 34–39
- Eventos após a queda — Jr 40–45
- Oráculos contra as nações — Jr 46–51
- Queda de Jerusalém e epílogo — Jr 34–39

PROFETAS MAIORES

Livro vinte e cinco

Lamentações

SIGNIFICADO DO NOME

Em hebraico, o livro é chamado *Ekhah*, que significa "como", a primeira palavra do texto e uma expressão de surpresa e lamento pela devastação. No grego, é conhecido como *Threnoi*, com o sentido de "lamentos" ou "prantos".

O título do livro reflete seu conteúdo e propósito. Trata-se de uma coleção de poemas de luto que descrevem a dor e o sofrimento do povo de Judá após a destruição de Jerusalém e do templo, em 586 a.C., pelos babilônios.

5 CAPÍTULOS

AUTORIA

A tradição atribui a Jeremias, com base na sua ligação estreita com a queda de Jerusalém (2Cr 35.25; Jr 1.1-3).

OBJETIVO DO LIVRO

Lamentar a desolação de Judá, refletir sobre os pecados que levaram a essa calamidade e clamar pela misericórdia de Deus.

TEMAS ABORDADOS

1. O livro aborda a justiça e a misericórdia de Deus (Lm 3.31-33).
2. Ele é um chamado ao arrependimento genuíno e à esperança na renovação divina.

LAMENTAÇÕES E CRISTO

Lamentações aponta para Cristo como o supremo consolo e redenção para o sofrimento humano. Assim como Jerusalém foi destruída por causa do pecado, Cristo veio para redimir os pecadores e restaurar a comunhão com Deus.

RESUMO DO LIVRO

- Lamento pela cidade desolada — Lm 1
- Ira de Deus sobre Jerusalém — Lm 2
- Esperança em meio ao sofrimento — Lm 3
- Reflexões sobre a queda — Lm 4
- Oração por restauração — Lm 5

PROFETAS MAIORES

Ezequiel

SIGNIFICADO DO NOME

O nome "Ezequiel" tem origem hebraica e significa "Deus fortalece" ou "Deus é a minha força".

Livro vinte e seis

AUTORIA

O profeta Ezequiel (Ez 1.1-3), filho de Buzi. Ele foi deportado para a Babilônia em 597 a.C. e exerceu seu ministério profético durante o exílio, com visões e mensagens de julgamento e restauração.

OBJETIVO DO LIVRO

Proclamar a soberania de Deus sobre todas as nações e demonstrar sua justiça em punir o pecado, ao mesmo tempo que oferece esperança de restauração e renovação.

48 CAPÍTULOS

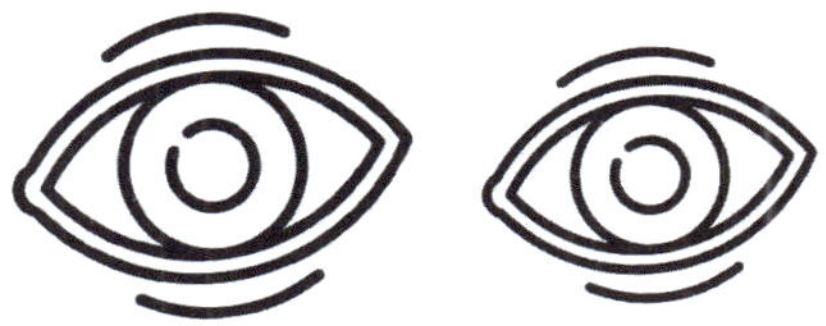

TEMAS ABORDADOS

1 Ezequiel enfatiza a santidade e a soberania de Deus. O livro mostra que Deus é justo em seu julgamento, mas também abundante em misericórdia e fidelidade ao prometer restauração.

2 É um chamado à fidelidade e à confiança no poder restaurador do Senhor.

EZEQUIEL E CRISTO

Ezequiel aponta para Cristo como o Bom Pastor que busca e salva suas ovelhas (Ez 34.11-16; Jo 10.11). As visões de renovação e um novo coração (Ez 36.26-27) são cumpridas em Cristo, que traz a nova aliança e a regeneração espiritual. O templo futuro simboliza a presença de Deus com seu povo, realizada plenamente em Jesus (Jo 2.19-21).

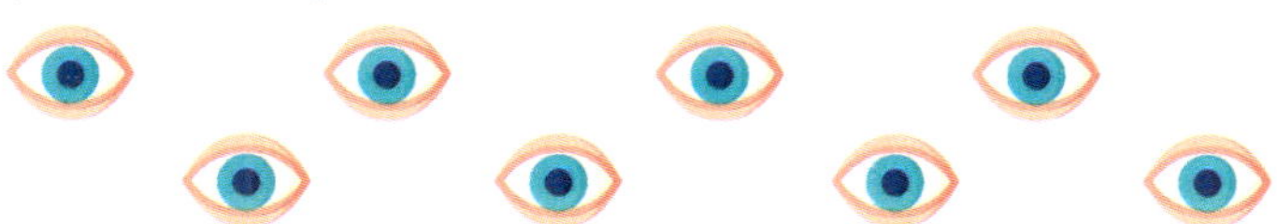

RESUMO DO LIVRO

Chamado e visões de Ezequiel
Ez 1–3

Oráculos de julgamento contra Judá
Ez 4–24

Oráculos contra as nações
Ez 25–32

Promessas de restauração
Ez 33–48

PROFETAS MAIORES

Daniel

Livro vinte e sete

SIGNIFICADO DO NOME

Daniel vem do hebraico e significa "Deus é o meu juiz".

AUTORIA

O profeta Daniel, um dos jovens nobres levados para a Babilônia durante o exílio (Dn 1.1,6,17). Ele serviu em altas posições na corte dos reis Nabucodonosor, Belsazar, Dario e Ciro.

12 CAPÍTULOS

RESUMO DO LIVRO

- A formação de Daniel e seus amigos — Dn 1
- O sonho da estátua de Nabucodonosor — Dn 2
- A fornalha ardente — Dn 3
- O sonho da árvore — Dn 4
- A escrita na parede — Dn 5
- Daniel na cova dos leões — Dn 6
- A visão dos quatro animais — Dn 7
- A visão do carneiro e do bode — Dn 8
- A profecia das setenta semanas — Dn 9
- A visão do homem vestido de linho — Dn 10
- O conflito futuro — Dn 11
- A ressurreição e o fim dos tempos — Dn 12

TEMAS ABORDADOS

1. Daniel enfatiza a soberania absoluta de Deus sobre a história e os reinos humanos. O livro destaca que, independentemente das circunstâncias e dos poderes terrenos, o Senhor está no controle e seu plano redentor prevalecerá.
2. O texto encoraja os crentes a permanecerem fiéis e confiantes em Deus, mesmo em tempos de perseguição e tribulação, porque ele é o juiz justo e final que estabelece e depõe reis conforme a sua vontade.
3. Além disso, Daniel aponta para a esperança escatológica e a vinda do Reino eterno de Deus, antecipando a obra redentora de Cristo e o estabelecimento do seu reinado definitivo.

OBJETIVO DO LIVRO

O livro de Daniel visa encorajar os judeus exilados com histórias de fidelidade a Deus em meio à opressão, além de revelar visões proféticas sobre o futuro dos reinos do mundo e a vinda do Reino de Deus.

UM DOS EPISÓDIOS MAIS CONHECIDOS É QUANDO O PROFETA É JOGADO NA COVA DOS LEÕES

DANIEL E CRISTO

Daniel aponta para Cristo ao prefigurar a vinda do Filho do Homem, um título que Jesus usa para si mesmo, e ao ilustrar a soberania de Deus sobre a história e a promessa de um Reino eterno, cumprido em Cristo.

DANIEL FOI NOTADO POR INTERPRETAR OS SONHOS DO REI

PROFETAS MENORES

Oseias

Livro vinte e oito

SIGNIFICADO DO NOME

O nome "Oseias" vem do hebraico *Hoshea*, que significa "salvação" ou "ele salva".

AUTORIA

O profeta Oseias, conforme indicado no primeiro versículo do livro (Os 1.1). Ele foi um profeta no reino do norte (Israel) durante o século 8 a.C., atuando provavelmente entre 755 e 715 a.C.

É conhecido como o "profeta do amor", por sua mensagem sobre a fidelidade de Deus e o amor redentor em meio à infidelidade de Israel.

14 CAPÍTULOS

TEMAS ABORDADOS

1. Oseias ressalta a fidelidade e o amor imutável de Deus, mesmo diante da infidelidade humana, destacando a importância do arrependimento genuíno e da volta para o Senhor como caminho para a restauração.
2. O livro nos ensina sobre a gravidade do pecado e da idolatria, mas também sobre a incrível misericórdia de Deus, que busca incessantemente restaurar seu povo.

OBJETIVO DO LIVRO

Oseias mostra a infidelidade de Israel a Deus por meio de uma alegoria com a própria vida do profeta, que foi instruído a se casar com uma mulher adúltera. Isso simboliza a traição de Israel ao Senhor por meio da idolatria, mas também a incansável misericórdia e o desejo de redenção de Deus.

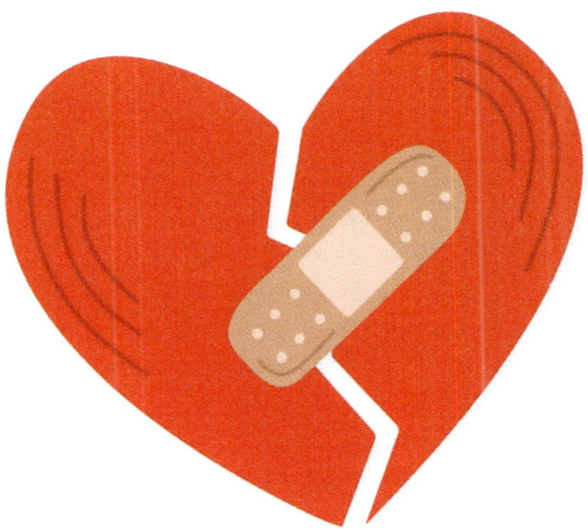

OSEIAS E CRISTO

O livro aponta para Cristo ao mostrar que, assim como Oseias comprou Gômer de volta, Jesus redime a Igreja, sua noiva, com o próprio sangue. O amor incondicional e redentor de Oseias por sua esposa infiel prefigura o amor sacrificial de Cristo pela humanidade pecadora (Ef 5.25-27).

RESUMO DO LIVRO

- Infidelidade de Israel — Os 1–3
- Condenação dos pecados de Israel — Os 4–10
- Promessa de restauração — Os 11–14

PROFETAS MENORES

Joel

Livro vinte e nove

SIGNIFICADO DO NOME

O nome "Joel" vem do hebraico *Yo'el*, que significa "*Yahweh* é Deus".

AUTORIA

O profeta Joel, filho de Petuel, conforme indicado no início do livro (Jl 1.1). Sua vida pessoal é pouco conhecida.

OBJETIVO DO LIVRO

Joel foi escrito para chamar o povo de Judá ao arrependimento diante de uma terrível praga de gafanhotos, que é usada como um símbolo do julgamento de Deus. Ele também profetiza sobre o derramamento do Espírito Santo e o Dia do Senhor.

3 CAPÍTULOS

TEMAS ABORDADOS

1. Joel destaca a soberania de Deus sobre a natureza e a história.
2. O livro nos desafia a reconhecer os sinais de advertência de Deus em nossa vida e a responder com arrependimento genuíno.
3. Ele nos lembra da promessa do Espírito Santo e da esperança segura no futuro dia da redenção e do julgamento.

JOEL E CRISTO

Joel aponta para Cristo por meio da profecia do derramamento do Espírito Santo, cumprida no Pentecostes (At 2.16-21). Além disso, o Dia do Senhor que Joel descreve é um prenúncio do retorno de Cristo e do juízo final, quando Jesus estabelecerá seu Reino eterno (Mt 24.29-31; Ap 19.11-16).

RESUMO DO LIVRO

- Destruição pelos gafanhotos — Jl 1
- Dia do Senhor e arrependimento — Jl 2.1-17
- Promessa de restauração e derramamento do Espírito — Jl 2.18–3.21

PROFETAS MENORES

Amós

Livro trinta

SIGNIFICADO DO NOME

"Amós" vem do hebraico *Amos*, que significa "carregador" ou "portador de fardos".

AUTORIA

O profeta Amós, como indicado no primeiro versículo do livro (Am 1.1). Ele era um pastor de ovelhas e cultivador de sicômoros em Tecoa, cidade de Judá. Amós não pertencia a uma família profética, mas foi chamado por Deus para profetizar no século 8 a.C.

OBJETIVO DO LIVRO

Amós denuncia as injustiças sociais, a corrupção e a hipocrisia religiosa. Seu objetivo é chamar o povo ao arrependimento e advertir sobre o iminente julgamento divino caso não mudasse seus caminhos.

9 CAPÍTULOS

RESUMO DO LIVRO

- Pronunciamentos contra as nações — Am 1–2
- Advertências e visões de juízo — Am 3–6
- Visões de destruição e promessa de restauração — Am 7–9

TEMAS ABORDADOS

1. Amós enfatiza a justiça de Deus e a necessidade de retidão social. Ele destaca que a verdadeira adoração deve ser acompanhada por uma vida justa e compassiva.
2. O livro reforça a ideia de que o Senhor é o juiz supremo que defende os oprimidos e julga os opressores. Com isso, ele nos desafia a examinar nossa vida e sociedade em termos de justiça e retidão.

AMÓS E CRISTO

Amós aponta para Cristo ao enfatizar a justiça e a retidão que Jesus personificou em seu ministério. A promessa de restauração em Amós é uma antecipação do Reino de Deus estabelecido por Cristo, onde justiça e paz prevalecerão (Am 9.11-15; Lc 4.18-19).

A MENSAGEM DE AMÓS É UM GRITO POR JUSTIÇA

PROFETAS MENORES

Obadias

Livro trinta e um

A VINGANÇA DO SENHOR CONTRA EDOM

AUTORIA

Obadias (cf. Ob 1.1), cujo nome em hebraico significa "Servo de Javé". Pouco se sabe sobre ele além do que é registrado em seu livro.

É O MENOR LIVRO DO ANTIGO TESTAMENTO

01 CAPÍTULO

TEMAS ABORDADOS

1. Obadias destaca a justiça retributiva de Deus e sua fidelidade às promessas que faz.
2. A mensagem do livro encoraja os cristãos a confiar no justo Senhor e naquilo que ele diz.
3. Também é um alerta contra a arrogância e o pecado, pois mostra que nenhuma desobediência ficará impune.

OBADIAS E CRISTO

Obadias aponta para Cristo como o juiz final e o redentor que restaurará todas as coisas. A vitória final de Israel sobre seus inimigos prenuncia a vitória de Cristo sobre o pecado e a morte.

OBJETIVO DO LIVRO

Condenar Edom por sua traição e proclamar vindicação. Localizada a sudeste de Judá, a nação era habitada pelos descendentes de Esaú. Existia um ódio mútuo entre edomitas e israelitas desde o Êxodo, quando Edom se recusou a deixar seus parentes passarem por sua terra (Nm 20.14-21).

RESUMO DO LIVRO

- Orgulho de Edom — Ob 1.1-4
- Destruição de Edom — Ob 1.5-9
- Traição de Edom contra Judá — Ob 1.10-14
- Dia do Senhor e julgamento das nações — Ob 1.15-16
- Uma visão da restauração de Israel — Ob 1.17-21

PROFETAS MENORES

Livro trinta e dois

Jonas

A MISERICÓRDIA DE DEUS COM TODOS

AUTORIA

Segundo a tradição judaica e cristã, Jonas, filho de Amitai (Jn 1.1). O nome Jonas significa "pomba".

4 CAPÍTULOS

TEMAS ABORDADOS

1. Jonas revela a misericórdia e a compaixão de Deus para com todas as pessoas, não apenas seu povo. O livro demonstra que o Senhor deseja que todos se arrependam e voltem para ele.
2. Jonas nos desafia a refletir sobre a própria obediência ao chamado de Deus e nossa disposição de mostrar misericórdia para com os outros, inclusive os inimigos.

NÃO SE SABE ATÉ HOJE QUAL TIPO DE PEIXE ENGOLIU JONAS

JONAS E CRISTO

A experiência de Jonas no ventre do peixe é um tipo de Cristo, que usou essa história para ilustrar sua própria morte e ressurreição (Mt 12.40). A missão de Jonas em Nínive prefigura a missão de Cristo de levar salvação a todas as nações.

OBJETIVO DO LIVRO

Mostrar a amplitude da misericórdia de Deus, inclusive com os pagãos, e ensinar sobre a importância da obediência ao chamado divino.

OS NINIVITAS ERAM CONSIDERADOS CRUÉIS, E JONAS QUERIA QUE DEUS FIZESSE JUÍZO

RESUMO DO LIVRO

- A fuga de Jonas e a tempestade — Jn 1
- A oração de Jonas no ventre do peixe — Jn 2
- Jonas em Nínive e o arrependimento do povo — Jn 3
- A frustração de Jonas e a lição da planta — Jn 4

PROFETAS MENORES

Miqueias

Livro trinta e três

SIGNIFICADO DO NOME

O nome "Miqueias" vem do hebraico *Micha'yahu*, que significa "Quem é como Javé?".

AUTORIA

Miqueias, de Moresete (Mq 1.1), é o autor do livro que leva seu nome. Ele foi contemporâneo de Isaías, Amós e Oseias, e sua atividade profética ocorreu durante os reinados de Jotão, Acaz e Ezequias, reis de Judá.

O POVO DE ISRAEL ESTAVA PROSPERANDO FINANCEIRAMENTE MAS SOFRENDO ESPIRITUALMENTE

7 CAPÍTULOS

TEMAS ABORDADOS

1. Miqueias destaca a necessidade de justiça, misericórdia e humildade diante de Deus (Mq 6.8).
2. A soberania do Senhor é afirmada, tanto em juízo quanto em restauração.
3. O livro nos lembra de que a verdadeira fé se manifesta em ações justas e amorosas.

MIQUEIAS E CRISTO

Miqueias aponta diretamente para Cristo ao prever seu nascimento em Belém (Mq 5.2). Além disso, Jesus é a encarnação perfeita da justiça e misericórdia proclamadas por Miqueias, e sua vida e obra cumprem a esperança de redenção anunciada pelo profeta.

OBJETIVO DO LIVRO

Denunciar a injustiça social e a corrupção em Judá e Israel, proclamar a justiça e a misericórdia de Deus e anunciar o juízo iminente — junto com a promessa de restauração.

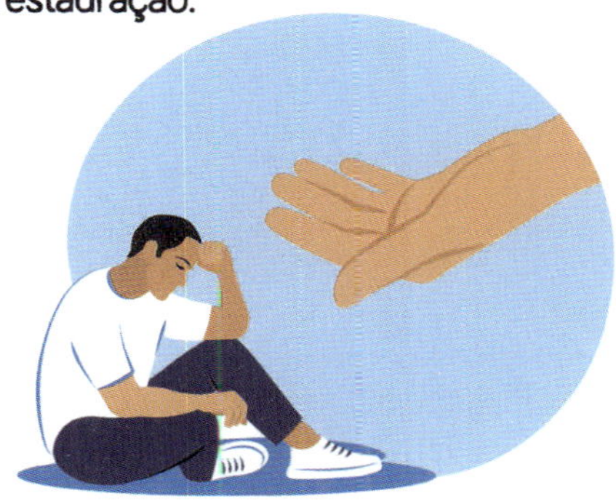

RESUMO DO LIVRO

- Juízo contra Samaria e Jerusalém — Mq 1.1-16
- Condenação dos líderes injustos — Mq 2–3
- Promessa de redenção — Mq 4–5
- Controvérsia do Senhor com seu povo — Mq 6.1-8
- Lamento e esperança — Mq 6.9–7

PROFETAS MENORES

Naum

A JUSTIÇA DE DEUS NOS JULGAMENTOS

AUTORIA

O livro é atribuído ao profeta Naum, cujo nome significa "conforto" ou "consolação". Pouco se sabe sobre sua vida pessoal, exceto o que pode ser inferido de seu próprio livro, que sugere uma origem em Elcós, cidade localizada na região da Assíria.

Naum profetizou provavelmente pouco antes da destruição de Nínive, capital do Império Assírio, por volta de 612 a.C. Sua mensagem é uma proclamação poderosa da justiça de Deus sobre as nações ímpias, especialmente a Assíria.

OBJETIVO DO LIVRO

Anunciar o juízo iminente sobre Nínive, capital do Império Assírio, como punição pelos pecados e pela opressão sobre os povos vizinhos, incluindo Judá.

3 CAPÍTULOS

Livro trinta e quatro

NAUM E CRISTO

Naum 1.15 afirma: "Vejam sobre os montes os pés do que anuncia boas notícias e proclama a paz!". Esse versículo é tido como uma prefiguração da chegada de Jesus, o Messias, que trouxe paz e salvação ao mundo.

Assim como Naum anunciou a queda de Nínive e a justiça de Deus, Jesus revelou o plano divino de redimir a humanidade do pecado e restaurar a comunhão com o Senhor.

TEMAS ABORDADOS

1. Naum apresenta um retrato vívido da justiça divina que se cumprirá na história, lembrando os leitores da soberania absoluta de Deus sobre as nações.
2. O juízo sobre Nínive não é apenas uma punição por seus pecados, mas também uma demonstração do cuidado de Deus pelo seu povo. Naum 1.7 destaca a confiança na proteção divina: "O Senhor é bom, é um refúgio em tempos de angústia. Ele conhece os que nele se refugiam".
3. Para os cristãos, Naum serve como um lembrete da santidade de Deus e da certeza do juízo sobre o mal.

O POVO DE NÍNIVE TINHA VOLTADO À INIQUIDADE, E SUAS AÇÕES O LEVARAM À DESTRUIÇÃO

RESUMO DO LIVRO

- A sentença contra Nínive — Na 1.1
- A ira de Deus contra Nínive — Na 1.2-15
- A destruição de Nínive — Na 2.1-13
- O julgamento de Nínive — Na 3

PROFETAS MENORES

Habacuque

livro trinta e cinco

A PREOCUPAÇÃO DIVINA COM A INJUSTIÇA

AUTORIA

Habacuque é tradicionalmente considerado o autor desse livro, embora haja poucas informações sobre sua vida. O nome "Habacuque" significa "abraço" ou "acolhimento".

Habacuque profetizou durante um período crítico de injustiça e corrupção em Judá, por volta de 600 a.C., pouco antes da queda de Jerusalém para os babilônios. Ele confronta Deus com perguntas sobre a aparente inação diante do mal que aflige o povo escolhido.

3 CAPÍTULOS

HABACUQUE FAZ PERGUNTAS AUDACIOSAS E SINCERAS PARA DEUS

OBJETIVO DO LIVRO

Registrar os questionamentos do profeta a Deus sobre a injustiça e o sofrimento dos justos diante da prosperidade dos ímpios, revelando que o Senhor é soberano sobre todas as circunstâncias.

TEMAS ABORDADOS

1. Habacuque destaca a soberania de Deus e a necessidade de viver pela fé.
2. O profeta questiona Deus sobre o mal e a injustiça, e Deus responde que, mesmo quando as circunstâncias são incompreensíveis, os justos devem confiar nele.

HABACUQUE E CRISTO

A mensagem de que "O justo viverá por sua fé" (Hc 2.4) é fundamental para a doutrina da justificação pela fé em Cristo (Rm 1.17; Gl 3.11; Hb 10.38). Além disso, o livro mostra Deus como soberano sobre os eventos históricos, preparando o caminho para a vinda de Cristo, que cumpre o plano soberano de redenção.

Habacuque fala, ainda, do julgamento dos ímpios e da salvação dos justos, temas plenamente realizados em Cristo.

RESUMO DO LIVRO

- Primeira queixa de Habacuque — Hc 1.1-4
- Resposta de Deus — Hc 1.5-11
- Segunda queixa de Habacuque — Hc 1.12–2.1
- Resposta de Deus: o justo viverá pela fé — Hc 2.2-5
- Cinco ais contra os iníquos — Hc 2.6-20
- Oração de Habacuque — Hc 3

PROFETAS MENORES

Livro trinta e seis

Sofonias

AUTORIA

Sofonias, cujo nome significa "Javé esconde". Ele profetizou durante o reinado do rei Josias de Judá, por volta de 640 a.C. Sofonias era descendente do rei Ezequias, o que lhe conferia posição privilegiada. Ele denunciou a corrupção religiosa e a injustiça social e advertiu sobre o iminente juízo de Deus sobre Judá e as nações.

QUEM FOI SOFONIAS

São poucas as informações a respeito de Sofonias, mas sabe-se que ele nasceu durante o cruel reinado de Manassés e provavelmente pertencia a uma descendência real

OBJETIVO DO LIVRO

Anunciar a vinda do "Dia do Senhor", um tempo de julgamento divino sobre Judá e as nações vizinhas por sua idolatria, injustiça social e rebelião contra Deus. Mas oferece esperança de restauração para os fiéis que se voltarem para o Senhor.

3 CAPÍTULOS

SOFONIAS ANUNCIA O DIA DA IRA DO SENHOR

Em que Ele castigará todos os pecadores, inclusive os do seu próprio povo

SOFONIAS E CRISTO

Sofonias aponta para Cristo principalmente por meio de suas profecias sobre juízo e restauração. Jesus é o cumprimento da promessa de restauração para o remanescente fiel de Deus. Ele é o Messias prometido que traz não apenas juízo sobre o pecado, mas também salvação e restauração para todos os que se arrependem e confiam nele, tornando-o o centro da esperança messiânica e redentora.

TEMAS ABORDADOS

1. Sofonias enfatiza o juízo santo de Deus contra o pecado e a rebelião, tanto do seu povo quanto das nações ao redor. Ele proclama a santidade do Senhor e sua justiça inflexível, que demanda arrependimento genuíno e retorno à obediência.
2. Apesar do severo juízo anunciado, o livro também oferece esperança por meio da promessa de restauração para um remanescente fiel, destacando a fidelidade de Deus em cumprir suas promessas de redenção e bênçãos futuras para o seu povo.

RESUMO DO LIVRO

Juízo iminente sobre Judá	Exortação ao arrependimento	Condenação de Jerusalém	Promessa de restauração e bênçãos
Sf 1	Sf 2	Sf 3.1-8	Sf 3.9-20

PROFETAS MENORES

Ageu

Livro trinta e sete

AUTORIA

Ageu (Ag 1.1), cujo nome significa "festivo" ou "festividade". Ele foi um dos profetas pós-exílicos e exortou o povo a reconstruir o templo de Jerusalém após o retorno do exílio na Babilônia.

OBJETIVO DO LIVRO

Incentivar o povo de Judá a reconstruir o templo de Jerusalém, priorizando a adoração a Deus e a restauração da comunhão com ele.

TEMAS ABORDADOS

1. Ageu enfatiza a importância da prioridade espiritual sobre as preocupações materiais, e a necessidade de obediência a Deus. A mensagem central é a restauração do culto verdadeiro ao Senhor no templo reconstruído, simbolizando a restauração do relacionamento do povo com o Eterno.
2. Ageu direciona o povo a pôr Deus em primeiro lugar, prometendo que sua bênção é condicional à obediência e devoção.

O POVO ESTAVA PREOCUPADO APENAS COM SUAS CASAS E ACABOU SE ESQUECENDO DA RECONSTRUÇÃO DO TEMPLO

AGEU E CRISTO

Cristo é identificado como o verdadeiro templo de Deus (Jo 2.19-21), que cumpre e supera o templo físico reconstruído em Jerusalém. Ele também é o centro da adoração verdadeira e o mediador entre Deus e os homens. Além disso, Ageu profetiza sobre a glória do segundo templo, que excede a do primeiro (Ag 2.9), prefigurando o reinado superior de Cristo sobre todos os reinos terrenos.

Cristo é também o cumprimento da promessa feita a Zorobabel (Ag 2.23), sendo o Messias prometido que traz salvação e estabelece seu Reino eterno.

2 CAPÍTULOS

AGEU EXORTOU O POVO A CONCLUIR A OBRA DO TEMPLO

RESUMO DO LIVRO

- Chamado à reconstrução do templo — Ag 1
- Encorajamento divino — Ag 2.1-9
- Promessas de bênção — Ag 2.10-19
- Promessa para Zorobabel — Ag 2.20-23

Zacarias

Livro trinta e oito

SIGNIFICADO DO NOME

O nome "Zacarias" vem do hebraico *Zekharyah*, que significa "Javé lembra" ou "Javé recorda". O nome reflete a ênfase no papel de Zacarias como profeta, lembrando ao povo de Deus suas promessas e sua fidelidade.

AUTORIA

O livro é atribuído ao profeta Zacarias, filho de Berequias (Zc 1.1), contemporâneo de Ageu, durante o período de reconstrução do templo em Jerusalém após o exílio babilônico.

14 CAPÍTULOS

OBJETIVO DO LIVRO

Zacarias foi comissionado por Deus para encorajar o povo de Jerusalém a continuar a reconstrução do templo e renovar seu compromisso com ele. O profeta também trouxe mensagens sobre o futuro glorioso de Jerusalém e o advento do Messias.

ZACARIAS PREVÊ A SEGUNDA VINDA DO MESSIAS

TEMAS ABORDADOS

1. Zacarias enfatiza a soberania de Deus na história e na redenção de Israel. O profeta proclama a fidelidade do Senhor em cumprir suas promessas mesmo diante da desobediência e do juízo do povo.
2. As profecias de Zacarias mostram como Deus é o agente ativo que traz salvação e restauração ao seu povo por meio do Messias prometido.

RESUMO DO LIVRO

- Chamado ao arrependimento — Zc 1.1-6
- Oito visões noturnas — Zc 1.7–6.15
- Jejuns e a vinda do Reino de Deus — Zc 7–8
- Julgamento das nações e a restauração de Sião — Zc 9–14
- Conclusão e perspectiva escatológica — Zc 12.1–14.21

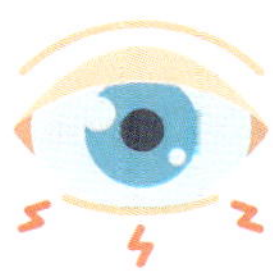

ZACARIAS E CRISTO

Zacarias contém várias profecias messiânicas que foram cumpridas em Jesus, incluindo:

1. A entrada triunfal do Rei messiânico em Jerusalém montado num jumento (Zc 9.9; Mt 21.1-5);
2. A traição de Jesus por trinta moedas de prata (Zc 11.12-13; Mt 26.14-16; 27.3-10);
3. A descrição daquele que será transpassado, um claro paralelo com a crucificação de Cristo (Zc 12.10; Jo 19.34-37).

Portanto, Zacarias não apenas antecipa a vinda do Messias, mas também revela aspectos cruciais de sua missão redentora e do cumprimento das promessas de Deus por seu intermédio.

Livro trinta e nove

PROFETAS MENORES

Malaquias

SIGNIFICADO DO NOME

O nome "Malaquias", do hebraico *Mal'ākhi*, significa "meu mensageiro".

AUTORIA

Embora o autor do livro não seja explicitamente mencionado, a tradição e a linguagem do texto sugerem que Malaquias é o próprio mensageiro de Deus que proferiu as profecias. O profeta é conhecido por sua mensagem de repreensão e exortação ao povo de Israel no período pós-exílico, aproximadamente entre 460 e 430 a.C. Ele foi contemporâneo de Esdras, Neemias e possivelmente do sumo sacerdote Joiada.

4 CAPÍTULOS

RESUMO DO LIVRO

- Repreensão à infidelidade de Israel — Ml 1.1-5
- O desdém pelo nome do Senhor — Ml 1.6–2.9
- Os pecados dos sacerdotes — Ml 2.10-16
- O juízo contra os maus — Ml 2.17–3.5
- O dízimo — Ml 3.6-12
- O Dia do Senhor — Ml 3.13–4.3
- Arrependimento e restauração — Ml 4.4-6

MALAQUIAS E CRISTO

Malaquias profetiza sobre o "mensageiro" que preparará o caminho do Senhor (Ml 3.1), cumprido em João Batista (Mt 11.10). Além disso, as profecias sobre o Dia do Senhor (Ml 3.2-3; 4.1) apontam para a segunda vinda de Jesus, quando ele virá como juiz para estabelecer a justiça plena. A promessa de um remanescente fiel (Ml 3.16-18) ecoa a comunidade dos crentes em Cristo. Malaquias aponta para o Dia do Senhor como um evento de julgamento e salvação (Ml 4.1).

Portanto, Malaquias não apenas prediz eventos históricos e juízos imediatos, mas também aponta para a vinda e o papel redentor de Cristo na consumação da história da salvação.

O SILÊNCIO PROFÉTICO

Malaquias é o último livro do Antigo Testamento na tradição judaica e cristã. Ele marca o início de um período de silêncio profético, que duraria até a vinda de Jesus.

TEMAS ABORDADOS

1. Malaquias enfatiza a fidelidade de Deus em manter sua aliança com Israel apesar da infidelidade do povo. Ele confronta as práticas religiosas negligentes e hipócritas, chamando o povo ao arrependimento genuíno e à restauração da aliança com Deus.
2. A mensagem central é a santidade do Eterno, sua justiça em lidar com o pecado e a promessa de um futuro Dia do Senhor, quando os fiéis serão recompensados e os ímpios serão julgados.

O EVANGELHO DO REI

EVANGELHOS

Mateus

Livro quarenta

AUTORIA

Mateus, conhecido como Levi, filho de Alfeu e um dos 12 apóstolos de Jesus (Mt 9.9; 10.3). Era cobrador de impostos e seu nome significa "dom de Deus".

28 CAPÍTULOS

TEMAS ABORDADOS

1. Mateus enfatiza a realeza de Jesus, apresentando-o como o "Filho de Davi" e o "Rei dos judeus" (Mt 1.1; 27.11). Ele destaca a autoridade de Cristo sobre a Lei (Mt 5.17-18) e sua missão de salvar "o seu povo dos seus pecados" (Mt 1.21).
2. A importância do Reino de Deus é um tema central: Mateus apresenta Jesus como o cumprimento das promessas do Antigo Testamento e o inaugurador de uma nova era de salvação e justiça.

ÉPOCA DA ESCRITA

Há debates, mas acredita-se que foi escrito entre 60 e 85 d.C.

MATEUS E CRISTO

Mateus destaca o papel de Jesus como o Messias, desde seu nascimento, que cumpre as profecias (Mt 1.23; Is 7.14), até sua morte e ressurreição, que asseguram a salvação (Mt 27.46; Sl 22.1). Também mostra Jesus como o novo Moisés, dando a nova lei no Sermão do Monte (Mt 5–7), e como o Emanuel, "Deus conosco" (Mt 1.23).

CURIOSIDADES

Mateus contém mais citações e alusões ao Antigo Testamento do que qualquer outro Evangelho.

Mateus é o único Evangelho que menciona explicitamente a "Igreja" (Mt 16.18; 18.17).

OBJETIVO DO LIVRO

Mateus escreveu o Evangelho principalmente para um público judeu, com o objetivo de mostrar que Jesus é o Messias prometido no Antigo Testamento. Ele faz isso conectando a vida e o ministério de Cristo às profecias e às escrituras judaicas, demonstrando que ele é o cumprimento da Lei e dos Profetas.

RESUMO DO LIVRO

- Genealogia e nascimento de Jesus — Mt 1-2
- O começo do ministério de Jesus — Mt 3–4
- Sermão do Monte — Mt 5–7
- Milagres e parábolas — Mt 8–13
- Instruções aos discípulos — Mt 14–20
- A semana da Paixão — Mt 21–27
- Ressurreição e Grande Comissão — Mt 28

OCASIÃO HISTÓRICA

Escrito por volta de 80-85 d.C., focando em Jesus como o cumprimento da Lei e das profecias.

Livro quarenta e um

EVANGELHOS

Marcos

O EVANGELHO DO SERVO

AUTORIA

João Marcos, parente de Barnabé e colaborador de Paulo e Pedro (Cl 4.10; 1Pe 5.13). Ele não foi um dos 12 apóstolos, mas sua associação próxima com Pedro e Paulo dá credibilidade ao seu relato.

O nome "Marcos" deriva do latim *Mars*, que significa "Marte", em referência ao deus romano da guerra. Por extensão, Marcos significa "relativo à Marte" ou "guerreiro".

16 CAPÍTULOS

ÉPOCA DA ESCRITA

Estima-se que tenha sido escrito entre 55 e 65 d.C., possivelmente em Roma, durante ou pouco depois da perseguição de Nero.

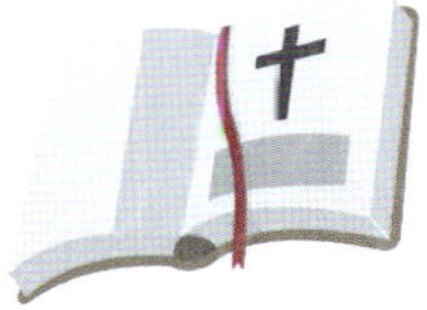

OBJETIVO DO LIVRO

Apresentar Jesus como o Filho de Deus e o Servo Sofredor, enfatizando suas ações mais que seus ensinamentos. Marcos buscava fortalecer a fé dos cristãos sob perseguição, mostrando a autoridade de Jesus sobre todas as forças e destacando seu sacrifício.

MARCOS E CRISTO

Marcos retrata Jesus como o Servo Sofredor, cujo sofrimento e morte são centrais para sua missão redentora (Mc 8.31; 9.31; 10.33-34). Também destaca a autoridade de Jesus sobre demônios, doenças e a natureza, afirmando sua divindade (Mc 4.39-41; 5.1-20).

MARCOS REGISTRA 18 MILAGRES DE JESUS

TEMAS ABORDADOS

1. Marcos destaca a humanidade e a divindade de Jesus, focando em sua compaixão e em seu poder. Ele mostra Jesus como o Servo de Deus que veio "não para ser servido, mas para servir e dar a sua vida em resgate por muitos" (Mc 10.45).

2. Outros temas incluem a fé e a falta de fé, o mistério do Reino de Deus, e o sofrimento e a morte de Jesus como o caminho para a glória.

O OBJETIVO DE MARCOS É APRESENTAR JESUS COMO AUTORIDADE EM TODA TERRA

RESUMO DO LIVRO

- Preparação e início do ministério de Jesus — Mc 1.1–13
- O ministério de Cristo na Galileia — Mc 1.14–9.50
- Jornada a Jerusalém — Mc 10
- A semana da Paixão — Mc 11–15
- Ressurreição — Mc 16

Lucas

EVANGELHOS

Livro quarenta e dois

O EVANGELHO DO SALVADOR

AUTORIA

Lucas, médico colaborador de Paulo (Cl 4.14; 2Tm 4.11). Ele não foi um dos 12 apóstolos, mas sua pesquisa cuidadosa e entrevistas com testemunhas oculares lhe permitiram compilar um relato dos eventos da vida de Jesus (Lc 1.1-4). Seu nome é de origem latina e significa "portador de luz".

24 CAPÍTULOS

OBJETIVO DO LIVRO

Lucas escreveu o Evangelho para gentios, especialmente Teófilo, com o objetivo de fazer um relato confiável da vida e do ministério de Jesus. Ele se preocupa em mostrar que a salvação é universal, disponível a todas as pessoas, independentemente de origem ou status.

O OBJETIVO DE LUCAS É APRESENTAR JESUS COMO SALVADOR

OCASIÃO HISTÓRICA

Provavelmente entre 60 e 70 d.C., antes da destruição do templo de Jerusalém.

TEMAS ABORDADOS

1. Lucas enfatiza a compaixão e a misericórdia de Jesus, especialmente para com os marginalizados, incluindo mulheres, crianças, pobres e pecadores.
2. Ele também destaca a importância da oração, do Espírito Santo e do cumprimento das promessas de Deus.
3. Lucas apresenta Jesus como o Salvador de toda a humanidade, não apenas dos judeus (Lc 2.30-32).

PARTICULARIDADES DO AUTOR

O ministério de Lucas foi amplo. Médico, pastor, evangelista, itinerante, historiador e escritor, foi tremendamente versátil e ativo.

LUCAS E CRISTO

Lucas apresenta Jesus como o Filho do homem, sublinhando sua humanidade e divindade.

Ele mostra Jesus como o Salvador que busca e salva o perdido (Lc 19.10) e o grande médico que cura o corpo e a alma (Lc 5.31-32).

A narrativa do nascimento de Jesus destaca sua missão universal e o cumprimento das promessas messiânicas (Lc 2.11,29-32).

LUCAS REGISTRA 20 MILAGRES DE JESUS

RESUMO DO LIVRO

- Prólogo e nascimento de Jesus — Lc 1–2
- Preparação para o ministério — Lc 3–4.13
- Ministério na Galileia — Lc 4.14–9.50
- Viagem a Jerusalém — Lc 9.51–19.27
- Semana da Paixão — Lc 19.28–23
- Ressurreição e ascensão — Lc 24

João

Livro quarenta e três

EVANGELHOS

O EVANGELHO DO FILHO DE DEUS

AUTORIA

João, filho de Zebedeu e irmão de Tiago, conhecido como "o discípulo amado" (Jo 13.23; 21.20). Foi um dos 12 apóstolos e testemunha ocular dos eventos que descreve. O nome João significa "Deus é gracioso" ou "agraciado por Deus".

21 CAPÍTULOS

O OBJETIVO DE JOÃO É APRESENTAR A DIVINDADE DE JESUS

OBJETIVO DO LIVRO

João escreveu o Evangelho para um público amplo, com o objetivo de mostrar que Jesus é o Cristo, o Filho de Deus, e que, crendo, os leitores possam ter vida em seu nome (Jo 20.31). Ele complementa os outros Evangelhos com uma perspectiva teológica mais profunda sobre a identidade de Jesus.

TEMAS ABORDADOS

1. João enfatiza a divindade de Jesus, apresentando-o como a Palavra (ou Verbo) que se fez carne, revela a glória de Deus e traz salvação (Jo 1.1, 14).
2. São centrais na narrativa: a soberania de Deus e a graça da justificação por meio da fé (Jo 3.16; 6.37-40).
3. João enfatiza a Trindade, mostrando a íntima união entre o Pai e o Filho, a missão redentora de Jesus (Jo 1.29; 10.30) e a obra crucial do Espírito Santo (Jo 14.16-17; 16.13).

JOÃO E CRISTO

João apresenta Jesus como a Palavra (Verbo) de Deus, a luz do mundo e o Bom Pastor que dá a vida por suas ovelhas (Jo 1.1-4; 10.11-14).

Ele sublinha a preexistência de Cristo e sua plena divindade, bem como sua íntima relação com o Pai (Jo 1.18; 10.30).

As declarações "Eu sou" revelam a identidade e missão redentora de Jesus (Jo 6.35; 8.12; 10.9; 11.25; 14.6; 15.1).

OCASIÃO HISTÓRICA

Estima-se que o Evangelho de João foi escrito entre 85 e 95 d.C., possivelmente em Éfeso.

RESUMO DO LIVRO

- Prólogo: a Palavra encarnada — Jo 1.1-18
- Ministério público de Jesus — Jo 1.19–12.50
- Ministério particular aos discípulos — Jo 13–17
- Paixão e ressurreição — Jo 18–20
- Aparições pós-ressurreição — Jo 21

A EXPANSÃO DO EVANGELHO

AUTORIA

Atos é tradicionalmente atribuído a Lucas, o médico amado e companheiro de Paulo (Cl 4.14; Fm 24).

OBJETIVO DO LIVRO

Fornecer um relato detalhado e preciso da expansão da igreja primitiva, desde a ascensão de Jesus até a chegada de Paulo a Roma. O objetivo principal é mostrar como o Espírito Santo trabalhou para cumprir a Grande Comissão, levando o Evangelho de Jerusalém para os confins da Terra (At 1.8).

OS APÓSTOLOS FORAM CAPACITADOS PARA ESTABELECER O EVANGELHO EM TODO O MUNDO

Livro quarenta e quatro

LIVRO HISTÓRICO

Atos

28 CAPÍTULOS

TEMAS ABORDADOS

1. Atos enfatiza a obra contínua de Jesus por meio do Espírito Santo, que capacita os discípulos para a missão (At 1.8).
2. Mostra a soberania de Deus na expansão do Evangelho e a inclusão dos gentios no plano de salvação.

ÉPOCA DA ESCRITA

Provavelmente, entre 62 e 70 d.C., antes da morte de Paulo.

ATOS E CRISTO

Cristo é apresentado como o Senhor ressuscitado que continua a operar por meio do Espírito Santo. A ascensão de Jesus marca o início da nova era da Igreja (At 1.9–11), e o discurso de Pedro no Pentecostes conecta a ressurreição de Jesus às promessas messiânicas (At 2.22–36).

Paulo prega Cristo crucificado e ressuscitado, apontando para Jesus como o cumprimento das Escrituras (At 17.2-3; 26.22–23).

RESUMO DO LIVRO

- Preparação para a missão — At 1–2
- Missão em Jerusalém — At 3–7
- Missão na Judeia e em Samaria — At 8–12
- Missão aos gentios — At 13–21
- Viagens e prisões de Paulo — At 21–28

O PENTECOSTES MARCA O INÍCIO DA IGREJA COM O DERRAMAMENTO DO ESPÍRITO SANTO

Lucas usa a primeira pessoa do plural ("nós"), indicando estar presente nos eventos descritos (At 16.10-17; 20.5-15; 21.1-18; 27.1—28.16).

A CONVERSÃO DE PAULO MUDA A HISTÓRIA DA IGREJA

A JUSTIFICAÇÃO PELA FÉ

Livro quarenta e cinco

EPÍSTOLAS PAULINAS

Romanos

AUTORIA

Paulo (Rm 1.1), ou Saulo, de Tarso, era um ferrenho perseguidor dos cristãos antes de sua conversão (At 9).

16 CAPÍTULOS

OBJETIVO DO LIVRO

Paulo escreveu aos cristãos em Roma para apresentar uma exposição sistemática do Evangelho. Seu objetivo era preparar o caminho para sua visita à Roma e possivelmente obter apoio para sua futura missão na Espanha (Rm 15.24). Ele também desejava fortalecer a fé dos romanos e resolver possíveis conflitos entre judeus e gentios.

ÉPOCA DA ESCRITA

Escrito por volta de 57-58 d.C., durante a terceira viagem missionária de Paulo, possivelmente em Corinto.

TEMAS ABORDADOS

1. Romanos aborda a justificação pela fé (Rm 1.17), a depravação universal da humanidade (Rm 3.23) e a redenção em Cristo (Rm 3.24).
2. Paulo discute a vida no Espírito (Rm 8), a eleição soberana de Deus (Rm 9–11) e as implicações práticas da fé cristã (Rm 12–15).
3. A justiça de Deus é um tema central, mostrando como ele é justo e justificador (Rm 3.26).

ROMANOS E CRISTO

Cristo é o centro do Evangelho que Paulo apresenta. A carta enfatiza que a salvação só é possível por meio de Jesus (Rm 5.1), o segundo Adão, cuja obediência traz justificação e vida (Rm 5.12-21).

A morte e a ressurreição de Jesus garantem a salvação e a nova vida para aqueles que creem (Rm 6.4-5). Jesus é também o fim da Lei para a justiça de todo aquele que crê (Rm 10.4).

RESUMO DO LIVRO

- Introdução e tese — Rm 1.1-17
- A necessidade de justiça — Rm 1.18–3.20
- A provisão de justiça — Rm 3.21–5.21
- A vida na justiça — Rm 6.1–8.39
- A soberania de Deus na salvação — Rm 9.1–11.36
- Vida prática de justiça — Rm 12.1–15.13
- Conclusão e saudações — Rm 15.14–16.27

UMA IGREJA DIVIDIDA E A SABEDORIA DA CRUZ

Livro quarenta e seis

EPÍSTOLAS PAULINAS

1Coríntios

AUTORIA

O apóstolo Paulo (1Co 1.1).

OBJETIVO DO LIVRO

Lidar com problemas na igreja de Corinto, incluindo divisões, imoralidade, questões relativas a casamento e dons espirituais, além de responder às perguntas dos coríntios sobre vários assuntos (1Co 1.10; 5.1; 7.1).

Corinto era uma metrópole próspera e cosmopolita da Grécia, conhecida por sua riqueza e pela imoralidade, o que apresentava grandes desafios para sua jovem comunidade cristã.

16 CAPÍTULOS

RESUMO DA EPÍSTOLA

Introdução e agradecimento
1Co 1.1-9

Problemas de divisão e sabedoria
1Co 1.10–4.21

Questões de moralidade e disciplina
1Co 5–6

Questões sobre casamento e liberdade cristã
1Co 7–10

Instruções sobre adoração e dons espirituais
1Co 11–14

A ressurreição dos mortos
1Co 15

Instruções finais e saudações
1Co 16

ÉPOCA DA ESCRITA

Acredita-se que 1Coríntios foi escrito por volta de 54-55 d.C., durante a terceira viagem missionária de Paulo, enquanto ele estava em Éfeso (1Co 16.8).

TEOLOGIA DO LIVRO

1. A teologia de 1Coríntios enfatiza a centralidade da cruz de Cristo como a base da sabedoria e do poder de Deus (1Co 1.18-25).

2. Paulo destaca a santidade e a unidade do corpo de Cristo, exortando os crentes a viverem em pureza e amor (1Co 6.19-20; 12.12-27). A importância do amor é especialmente destacada em 1Coríntios 13; Paulo também o descreve como "o caminho mais excelente" (1Co 12.31).

1CORÍNTIOS E CRISTO

Paulo apresenta Cristo como a sabedoria e o poder de Deus que desafia a sabedoria do mundo (1Co 1.24). Jesus é o fundamento da Igreja (1Co 3.11) e o exemplo supremo de humildade e serviço (1Co 11.1). A ressurreição de Cristo é central para a esperança cristã, assegurando a ressurreição dos crentes (1Co 15.20-22).

EPÍSTOLAS PAULINAS

Livro quarenta e sete

2Coríntios

A DEFESA DO APOSTOLADO DE PAULO E A GLÓRIA NO SOFRIMENTO

AUTORIA

O apóstolo Paulo é o autor dessa carta (2Co 1.1). Ele a escreveu como uma continuação de seu relacionamento pastoral com a igreja de Corinto.

OBJETIVO DO LIVRO

Paulo escreveu 2Coríntios para defender seu apostolado contra críticos e falsos apóstolos, confortar a igreja e encorajar a generosidade na coleta para os santos em Jerusalém (2Co 2.1-4; 8.1-7).

O PROPÓSITO DE PAULO

Depois que Paulo despachou a primeira carta, surgiram certas crises nessa igreja que precisaram ser tratadas na segunda carta aos cristãos em Corinto.

13 CAPÍTULOS

ÉPOCA DA ESCRITA

2Coríntios foi escrito em torno de 56 d.C., provavelmente da Macedônia, após Tito trazer notícias sobre a recepção da primeira carta (2Co 7.6-7).

TEMAS ABORDADOS

1. 2Coríntios enfatiza a teologia do sofrimento e a glória que vem por meio das fraquezas humanas (2Co 12.9-10).
2. Paulo fala da Nova Aliança em Cristo que traz justiça e reconciliação com Deus (2Co 3.6-9; 5.18-21).
3. Ele também destaca a generosidade e o serviço cristão como reflexos da graça de Deus (2Co 8.7-9).

RESUMO DA EPÍSTOLA

Introdução e bênção	Defesa do ministério de Paulo	Coleta para os santos	Defesa contra falsos apóstolos
2Co 1.1-11	2Co 1.12–7.16	2Co 8–9	2Co 10–13

2CORÍNTIOS E CRISTO

Paulo destaca Cristo como o consolador em meio ao sofrimento (2Co 1.3-5) e o exemplo supremo de humildade e serviço (2Co 8.9). A glória de Cristo é revelada na fraqueza humana, mostrando o poder de Deus aperfeiçoado na fraqueza (2Co 12.9).

A LIBERDADE EM CRISTO

Livro quarenta e oito

EPÍSTOLAS PAULINAS

Gálatas

SIGNIFICADO DO NOME

"Gálatas" refere-se aos habitantes da região da Galácia, na Ásia Menor (moderna Turquia), para quem a carta foi destinada (Gl 1.2).

AUTORIA

O apóstolo Paulo (Gl 1.1,11-12).

OBJETIVO DO LIVRO

Combater falsos ensinamentos dos judaizantes, que insistiam em afirmar que os gentios deveriam seguir as leis judaicas para serem salvos. Paulo reafirma que a salvação é pela graça, por meio da fé em Jesus Cristo, não pelas obras da Lei (Gl 2.16; 5.1).

6 CAPÍTULOS

TEMAS ABORDADOS

1. A teologia central de Gálatas é a justificação pela fé (Gl 2.16), destacando que a salvação é um dom gratuito de Deus, não baseada em obras humanas (Gl 5.1; 3.11). Paulo enfatiza a liberdade cristã, afirmando que os crentes não estão mais sob a escravidão da Lei, mas foram chamados a viver pelo Espírito (Gl 5.1, 16-18).

2. A carta também destaca a igualdade de todos os cristãos em Cristo, a despeito de suas origens étnicas ou sociais (Gl 3.28).

OCASIÃO HISTÓRICA

Entre 48 e 55 d.C., provavelmente após a primeira viagem missionária de Paulo e antes do Concílio de Jerusalém (At 15).

RESUMO DA EPÍSTOLA

- Introdução e saudação — Gl 1.1-10
- Defesa do Evangelho — Gl 1.11–2.21
- A doutrina da justificação pela fé — Gl 3–4
- A vida cristã na liberdade — Gl 5–6.10
- Conclusão e bênção — Gl 6.11-18

CURIOSIDADES

1. Gálatas é possivelmente a primeira carta escrita por Paulo. Estudiosos sugerem que, cronologicamente, pode ser o primeiro livro escrito do Novo Testamento.

2. Paulo faz uma rara menção ao fato de escrever de próprio punho parte da carta (Gl 6.11). Isso pode indicar que ele ditava o texto da epístola a alguém, mas quis assegurar que os gálatas soubessem da autenticidade e gravidade dessa carta.

3. É um dos escritos mais emocionalmente intensos de Paulo. Expressa profunda frustração e até indignação pelo fato de os gálatas terem se afastado tão rapidamente do Evangelho (Gl 1.6-9).

GÁLATAS E CRISTO

Paulo apresenta Cristo como o Redentor que liberta os cristãos da maldição da Lei (Gl 3.13). Ele é o centro da fé e o meio pelo qual os crentes recebem o Espírito Santo e a promessa de Abraão (Gl 3.14). A carta também enfatiza que a verdadeira identidade dos cristãos está em Cristo, não em ritos ou tradições religiosas (Gl 2.20).

ESPÍSTOLAS PAULINAS

Livro quarenta e nove

Efésios

A IGREJA, O CORPO DE CRISTO

6 CAPÍTULOS

SIGNIFICADO DO NOME

Refere-se aos cristãos da cidade de Éfeso, uma das principais da Ásia Menor e um centro de cultura e comércio.

AUTORIA

O apóstolo Paulo (Ef 1.1).

OBJETIVO DO LIVRO

Fortalecer e encorajar os cristãos de Éfeso, destacando a unidade e a identidade da Igreja como corpo de Cristo (Ef 1.22-23). Ele também instrui sobre a conduta cristã, tanto individual quanto em comunidade (Ef 4.1-3).

CURIOSIDADES

1. É possivelmente uma carta circular, destinada a várias igrejas, pois não tem saudações pessoais.
2. Seu estilo literário é sofisticado, com vocabulário único e estrutura poética, incluindo doxologias profundas e possivelmente hinos primitivos (Ef 1.3-14).

A EPÍSTOLA TEM UMA APLICABILIDADE UNIVERSAL.

ÉPOCA DA ESCRITA

Por volta de 60-62 d.C., durante a primeira prisão de Paulo em Roma.

EFÉSIOS E CRISTO

Cristo é central em Efésios como a Cabeça da Igreja, que é seu corpo (Ef 1.22-23). A carta enfatiza que a salvação e a reconciliação são realizadas por meio de Jesus (Ef 2.13-16). Paulo também destaca o amor sacrificial de Cristo pela Igreja, que serve como modelo para a relação conjugal (Ef 5.25-27).

TEMAS ABORDADOS

1. Efésios enfatiza a soberania de Deus na salvação (Ef 1.3-14), a unidade da Igreja como corpo de Cristo (Ef 4.4-6) e a nova vida em Cristo (Ef 4.22-24).
2. Paulo descreve a Igreja como um edifício espiritual, um corpo e uma noiva, destacando a unidade e diversidade dos cristãos (Ef 2.19-22; 4.12-13).
3. A epístola também enfatiza a vida transformada pelo Espírito, destacando a importância da santidade e do amor na vida cristã (Ef 5.1-2).

RESUMO DA EPÍSTOLA

- Bênçãos espirituais em Cristo — Ef 1
- A salvação pela graça — Ef 2
- O mistério da Igreja revelado — Ef 3
- A unidade e a nova vida em Cristo — Ef 4–5.20
- Relações domesticas e batalha espiritual — Ef 5.21–6.20
- Conclusão e saudação — Ef 6.21-24

A ALEGRIA EM CRISTO

Livro cinquenta

ESPÍSTOLAS PAULINAS

Filipenses

SIGNIFICADO DO NOME

"Filipenses" se refere aos habitantes da cidade de Filipos, então pertencente ao Império Romano, na Grécia, onde Paulo estabeleceu uma igreja durante sua segunda viagem missionária (At 16.12-40).

O PROPÓSITO DE PAULO

Incentivar os santos em Filipos e exortá-los a permanecerem firmes na fé, em união, e a trabalharem juntos para defender a fé.

FILIPENSES E CRISTO

Cristo é o centro de Filipenses. Paulo apresenta Jesus como o exemplo supremo de humildade e obediência (Fp 2.5-11), e como a fonte de alegria e força para os cristãos (Fp 4.13). A carta aponta para a esperança futura na ressurreição e na glória eterna com Cristo (Fp 3.20-21).

AUTORIA

Apóstolo Paulo, com a possível colaboração de Timóteo (Fp 1.1), durante sua prisão em Roma, por volta de 61 d.C. (Fp 1.7,13,17).

4 CAPÍTULOS

RESUMO DA EPÍSTOLA

- Agradecimento e oração — Fp 1.1-11
- A situação de Paulo e a pregação — Fp 1.12-30
- Exortação a unidade e humildade — Fp 2.1-18
- Timóteo e Epafrodito — Fp 2.19-30
- Advertências contra falsos ensinos e testemunho de Paulo — Fp 3
- Exortações e agradecimentos — Fp 4

CURIOSIDADES

A carta aos Filipenses é conhecida como a "epístola da alegria" por causa das referências de Paulo ao regozijo, apesar de sua prisão (Fp 1.4,18; 2.2,17-18; 3.1; 4.4). Filipenses 2.5-11 é considerado um dos hinos cristológicos mais antigos; trata da humilhação e da exaltação de Cristo.

OBJETIVO DO LIVRO

Agradecer o apoio financeiro que os filipenses enviaram a Paulo (Fp 4.10-18), encorajar a unidade e a humildade entre os cristãos (Fp 2.1-4) e exortá-los a se alegrar no Senhor em toda e qualquer circunstância (Fp 4.4).

TEMAS ABORDADOS

1. Filipenses se concentra na alegria em Cristo, na unidade na Igreja e na humildade como expressão do Evangelho.
2. Paulo destaca a supremacia de Jesus e a importância de conhecê-lo em todas as circunstâncias (Fp 3.8-10).
3. Ele também enfatiza a participação no sofrimento de Cristo como um caminho para a ressurreição e a glória futura (Fp 3.10-11).

ESPÍSTOLAS GERAIS

Livro cinquenta e um

Colossenses

A SUPREMACIA DE CRISTO

SIGNIFICADO DO NOME

"Colossenses" refere-se aos habitantes de Colossos, cidade na região da Frígia, na Ásia Menor. A igreja em Colossos provavelmente foi fundada por Epafras, um colaborador de Paulo (Cl 1.7-8).

AUTORIA

O apóstolo Paulo, provavelmente com a ajuda de Timóteo (Cl 1.1), durante sua prisão em Roma, aproximadamente em 60-61 d.C. (Cl 4.3,18).

4 CAPÍTULOS

PAULO REBATEU O GNOSTICISMO QUE ESTAVA PENETRANDO A IGREJA

OBJETIVO DO LIVRO

Paulo escreveu aos colossenses para combater heresias que ameaçavam a igreja, incluindo práticas judaizantes e filosofias pagãs (Cl 2.8,16-23). Ele exalta a supremacia e a suficiência de Cristo em todas as coisas e encoraja os cristãos a viver de acordo com a nova identidade em Cristo (Cl 3.1-17).

RESUMO DA EPÍSTOLA

- Saudações e ação de graças — Cl 1.1-14
- A supremacia de Cristo — Cl 1.15-23
- O ministério de Paulo — Cl 1.24–2.5
- Advertências contra heresias — Cl 2.6-23
- Vida cristã prática — Cl 3.1–4.6
- Saudações finais e instruções — Cl 4.7-18

TEMAS ABORDADOS

1. A teologia de Colossenses enfatiza a supremacia e a suficiência de Cristo em todas as áreas da vida (cf. Cl 1.18; 2.9).
2. A carta também aborda a transformação ética e moral que resulta da nossa união com Cristo (Cl 3.1-17).

COLOSSENSES E CRISTO

Cristo é exaltado como o Criador e Redentor, em quem todas as coisas são reconciliadas (Cl 1.16-20). A carta destaca a obra de Jesus na cruz, que desarmou os poderes e as autoridades espirituais (Cl 2.15), e enfatiza a nova vida dos cristãos, que deve refletir o caráter e o senhorio do Mestre (Cl 3.1-4).

A EPÍSTOLA ESTÁ INCLUÍDA NO GRUPO DE "CARTAS DA PRISÃO"

Livro cinquenta e dois

ESPÍSTOLAS PAULINAS

1Tessalonicenses

ESPERANÇA EM CRISTO E A VIDA CRISTÃ

SIGNIFICADO DO NOME

"1Tessalonicenses" se refere à primeira carta de Paulo à igreja em Tessalônica, importante metrópole da Macedônia.

AUTORIA

O apóstolo Paulo, com a provável colaboração de Silas e Timóteo (1Ts 1.1). É possivelmente uma das primeiras cartas paulinas, escrita por volta de 50-51 d.C.

TESSALÔNICA ERA UMA CIDADE POPULOSA E A MAIS PRÓSPERA DA GRÉCIA ANTIGA

5 CAPÍTULOS

OBJETIVO DO LIVRO

Paulo escreveu 1Tessalonicenses para encorajar, confortar e instruir os cristãos de Tessalônica sobre como viver uma vida santa, especialmente em vista da iminente volta de Cristo (1Ts 4.13-18).

RESUMO DA EPÍSTOLA

- Introdução e ação de graças — 1Ts 1
- Defesa do ministério de Paulo — 1Ts 2
- Exortação à santidade — 1Ts 3–4.12
- A segunda vinda de Cristo — 1Ts 4.13–5.11
- Instruções finais e bênção — 1Ts 4.13–5.11

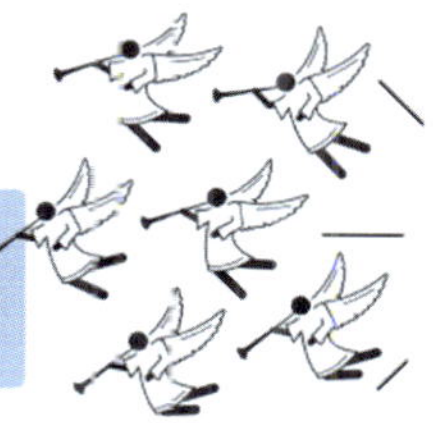

DIFERENTE DAS OUTRAS CARTAS, NÃO HÁ REPREENSÃO

TEMAS ABORDADOS

A teologia de 1Tessalonicenses enfatiza a esperança na volta de Cristo, a necessidade de santificação e pureza moral, e a importância de uma vida cristã exemplar. Paulo também destaca a fidelidade de Deus em santificar e guardar seu povo (1Ts 5.23-24).

1TESSALONICENSES E CRISTO

1Tessalonicenses aponta para Cristo como o Senhor ressuscitado que voltará para buscar a sua Igreja (1Ts 4.16-17). A expectativa da vinda de Jesus motiva os cristãos a ter uma vida santa e a se consolar mutuamente com essa esperança (1Ts 5.11).

Livro cinquenta e três

ESPÍSTOLAS PAULINAS

2Tessalonicenses

CORREÇÕES SOBRE O RETORNO DE CRISTO

SIGNIFICADO DO NOME

"2Tessalonicenses" se refere à segunda carta do apóstolo Paulo à igreja em Tessalônica, importante metrópole na Macedônia.

AUTORIA

O apóstolo Paulo, com a provável colaboração de Silas e Timóteo (2Ts 1.1).

NO CURTO ESPAÇO ENTRE A PRIMEIRA E A SEGUNDA CARTA, A IGREJA SOFREU PERSEGUIÇÃO

3 CAPÍTULOS

OBJETIVO DO LIVRO

Corrigir mal-entendidos sobre a segunda vinda de Cristo e exortar os cristãos a perseverar na fé e no trabalho, mesmo em meio à perseguição (2Ts 2.1-2; 3.6-12).

RESUMO DA EPÍSTOLA

- Saudação e ação de graças — 2Ts 1
- Correção de mal-entendidos — 2Ts 2
- Exortação à disciplina e ao trabalho — 2Ts 3

A POSSIBILIDADE DA VOLTA DE JESUS GEROU ANSIEDADE, PAULO DÁ INSTRUÇÕES PARA CORRIGIR EQUÍVOCOS DE ENTENDIMENTO

TEMAS ABORDADOS

1. A teologia de 2Tessalonicenses destaca a soberania de Deus no controle dos eventos futuros, a importância de um entendimento escatológico correto e a necessidade de uma vida cristã disciplinada e diligente.
2. Paulo também sublinha a necessidade de perseverança em face de perseguição e tribulação (2Ts 1.4-7).

2TESSALONICENSES E CRISTO

2Tessalonicenses aponta para Jesus como o Juiz final que derrotará o mal e recompensará os justos (2Ts 1.7-10). A certeza da vitória de Cristo sobre o "homem da iniquidade" oferece conforto e esperança aos cristãos (2Ts 2.8).

ESPÍSTOLAS PAULINAS

1Timóteo

Livro cinquenta e quatro

GUIA PARA A IGREJA E SEUS LÍDERES

SIGNIFICADO DO NOME

"Timóteo" vem do grego *Timótheos*, "aquele que honra a Deus" ou "honrado por Deus". A carta é dirigida a Timóteo, jovem pastor e discípulo de Paulo, com instruções específicas para a liderança e a organização da igreja em Éfeso.

AUTORIA

O apóstolo Paulo (1Tm 1.1).

PAULO INSTRUI TIMÓTEO, LÍDER DE UMA IGREJA EM ÉFESO, A ENSINAR A SÃ DOUTRINA

6 CAPÍTULOS

OBJETIVO DO LIVRO

Dar instruções práticas sobre: organização da igreja, combate a heresias e fortalecimento da fé e moral dos líderes e membros da comunidade cristã (1Tm 1.3-7).

Ele orientou ao jovem líder que não permitisse que os falsos ensinamentos levassem as pessoas ao erro.

RESUMO DA EPÍSTOLA

- Introdução e saudação — 1Tm 1.1-2
- Combate às falsas doutrinas — 1Tm 1.3-20
- Instruções sobre adoração e liderança — 1Tm 2–3
- Advertências contra a apostasia — 1Tm 4
- Instruções sobre o pastoreio — 1Tm 5.1–6.2
- Exortações finais e advertências — 1Tm 6.3-21

TEMAS ABORDADOS

1. A teologia de 1Timóteo enfatiza a importância da sã doutrina e a necessidade de uma liderança piedosa e uma conduta ética dos membros da igreja.
2. Paulo destaca a centralidade do Evangelho de Cristo como o fundamento da fé cristã e a base para combater falsas doutrinas (1Tm 1.15; 3.16).

CARTAS PASTORAIS

1Timóteo é uma das cartas pastorais, com 2Timóteo e Tito, focadas em questões de liderança eclesiástica e prática pastoral.

1TIMÓTEO E CRISTO

1Timóteo aponta para Cristo de várias maneiras, destacando sua obra redentora e sua divindade.

Paulo exalta Jesus como "o único mediador entre Deus e os homens" (1Tm 2.5) e ressalta que o Messias "veio ao mundo para salvar os pecadores" (1Tm 1.15).

A carta também celebra o mistério da piedade, em que Deus se manifestou em carne na pessoa de Jesus Cristo (1Tm 3.16).

ESPÍSTOLAS PAULINAS

2Timóteo

Livro cinquenta e cinco

ÚLTIMA EXORTAÇÃO DE PAULO

SIGNIFICADO DO NOME

"Timóteo" vem do grego *Timótheos*, "aquele que honra a Deus" ou "honrado por Deus". A carta é dirigida a Timóteo, com um tom mais pessoal e urgente, refletindo as circunstâncias finais da vida de Paulo.

AUTORIA

O apóstolo Paulo, enquanto estava preso em Roma pela segunda vez, pouco antes de sua execução (2Tm 1.1; 4.6-8).

4 CAPÍTULOS

OBJETIVO DO LIVRO

Encorajar Timóteo a permanecer firme na fé, suportar o sofrimento pelo evangelho e continuar seu ministério com coragem e fidelidade (2Tm 1.6-8).

A epístola contém as últimas palavras do apóstolo antes da sua morte.

RESUMO DA EPÍSTOLA

- Saudação e encorajamento pessoal — 2Tm 1
- Instruções sobre fidelidade e perseverança — 2Tm 2
- Dificuldades dos últimos dias — 2Tm 3
- Exortações finais e instruções pessoais — 2Tm 4

TEMAS ABORDADOS

1. A teologia de 2Timóteo enfatiza a perseverança na fé e no ministério, a centralidade das Escrituras para a vida cristã e a importância de transmitir fielmente a mensagem do Evangelho (2Tm 3.16-17).
2. Paulo também destaca a iminência da volta de Cristo e a necessidade de viver em retidão e vigilância.

"TODA A ESCRITURA É INSPIRADA POR DEUS E ÚTIL PARA O ENSINO, PARA A REPREENSÃO, PARA A CORREÇÃO E PARA A INSTRUÇÃO NA JUSTIÇA."

(2TM 3.16)

2TIMÓTEO E CRISTO

2Timóteo aponta para Cristo como o centro da fé cristã, o modelo de fidelidade e o fundamento da esperança futura.

Paulo exorta Timóteo a "suportar comigo os sofrimentos, como bom soldado de Cristo Jesus" (2Tm 2.3) e enfatiza que "o Senhor conhece os que pertencem a ele" (2Tm 2.19).

A carta também destaca a suficiência das Escrituras, que são capazes de "torná-lo sábio para a salvação por meio da fé em Cristo Jesus" (2Tm 3.15).

A ORDEM NA IGREJA E A VIDA PIEDOSA

ESPÍSTOLAS PAULINAS

Tito

Livro cinquenta e seis

SIGNIFICADO DO NOME

"Tito" significa "honrado" ou "valioso". Ele era um colaborador próximo de Paulo e um líder importante na igreja primitiva.

AUTORIA

O apóstolo Paulo (Tt 1.1).

3 CAPÍTULOS

OBJETIVO DO LIVRO

Orientar Tito na organização da igreja em Creta, enfatizando a necessidade de líderes piedosos e a importância da sã doutrina. Paulo também aborda a conduta cristã adequada e a transformação que a graça de Deus traz à vida dos cristãos (Tt 1.5; 2.1; 3.8).

QUEM FOI TITO

Assim como Timóteo, Tito foi um jovem líder discipulado por Paulo

PAULO DEU CONSELHOS A TITO PARA ORDENAR LÍDERES NA IGREJA

RESUMO DA EPÍSTOLA

- Introdução e instruções para líderes — Tt 1.1-16
- Instruções sobre o comportamento cristão — Tt 2.1-15
- A importância das boas obras — Tt 3.1-15

TEMAS ABORDADOS

1. A importância da sã doutrina e das boas obras como evidência de uma fé autêntica (Tt 2.7-8,14; 3.8).
2. Paulo enfatiza a transformação moral e ética que o Evangelho deve produzir. Ele também aborda a graça de Deus como a base para a salvação e a vida piedosa (Tt 2.11-12; 3.4-7).

INSTRUÇÕES ESPECÍFICAS PARA HOMENS, MULHERES E JOVENS

TITO E CRISTO

Tito aponta para Cristo como a fonte da graça que transforma vidas.

Paulo descreve Jesus como nosso Salvador, cuja vinda trouxe a esperança da vida eterna e a purificação de um povo zeloso de boas obras (Tt 2.13-14).

A obra redentora de Cristo é apresentada como o fundamento da fé e da conduta cristã (Tt 3.4-6).

ESPÍSTOLAS PAULINAS

Filemom

Livro cinquenta e sete

RECONCILIAÇÃO EM CRISTO

SIGNIFICADO DO NOME

"Filemom" significa "amável" ou "carinhoso". Filemom era um cristão colossense, provavelmente convertido pela pregação de Paulo.

AUTORIA

O apóstolo Paulo. A carta foi escrita enquanto ele estava preso (Fm 1.9).

1 CAPÍTULO

RESUMO DA EPÍSTOLA

Saudação e ação de graças
Fm 1.1-7

Intercessão por Onésimo
Fm 1.8-21

Conclusão e bênção final
Fm 1.22-25

OBJETIVO DO LIVRO

Interceder por Onésimo, escravo fugitivo que havia se convertido ao cristianismo. Paulo pede a Filemom que receba Onésimo não apenas como um escravo, mas como um irmão em Cristo (Fm 1.10-16).

A igreja em Colossos se reunia na casa de Filemom, indicando seu papel significativo na comunidade cristã local (Fm 1.2).

TEMAS ABORDADOS

1 Filemom destaca temas como perdão, reconciliação e igualdade em Cristo. Paulo apresenta a transformação do relacionamento entre senhor e escravo à luz do Evangelho, mostrando que, em Cristo, todos são irmãos (Fm 1.16).

2 A carta também exemplifica a intercessão e o amor cristãos, conforme Paulo pede que Filemom perdoe e aceite Onésimo de volta com um coração renovado.

FILEMOM É UMA DAS CARTAS MAIS PESSOAIS DE PAULO. MOSTRA SUA ABORDAGEM PASTORAL E SEU CUIDADO COM OS RELACIONAMENTOS

FILEMOM E CRISTO

Filemom aponta para Cristo como o grande reconciliador. A intercessão de Paulo por Onésimo é um reflexo da intercessão de Cristo por nós, que, embora fôssemos escravos do pecado, fomos aceitos como filhos e irmãos em Cristo (Fm 1.15-16; Hb 7.25). A carta ilustra a graça transformadora do Evangelho na vida cotidiana.

ONÉSIMO SE TORNOU UM AJUDANTE VALIOSO PARA PAULO DURANTE SEU ENCARCERAMENTO (FM 1.11-13).

CARTAS GERAIS

Hebreus

Livro cinquenta e oito

A SUPREMACIA DE CRISTO E A NOVA ALIANÇA

SIGNIFICADO DO NOME

O título "Hebreus" indica que a carta foi dirigida a cristãos convertidos do judaísmo. A epístola visa fortalecer a fé desses judeus cristãos, que enfrentavam perseguições e eram tentados a retornar à antiga religião.

AUTORIA

Não se sabe. As teorias apontam para o apóstolo Paulo, Apolo, Barnabé ou até mesmo Priscila. O autor era claramente um cristão influente e bem instruído nas Escrituras.

13 CAPÍTULOS

OBJETIVO DO LIVRO

Exortar os cristãos a perseverar na fé em Jesus, demonstrando que ele é superior a todos os sistemas e figuras do Antigo Testamento. O autor enfatiza que Cristo é o cumprimento de todas as promessas e a revelação definitiva de Deus.

O AUTOR DEFENDE A SUPERIORIDADE DE CRISTO SOBRE A LEI DE MOISÉS

RESUMO DA EPÍSTOLA

A superioridade de Cristo
Hb 1–10.18

Chamado à perseverança
Hb 10.19–12.29

Exortações finais e conclusão
Hb 13

OS MEMBROS DAQUELA IGREJA ESTAVAM QUASE APOSTATANDO DA FÉ EM CRISTO

TEMAS ABORDADOS

1. Hebreus apresenta uma rica teologia centrada na supremacia e suficiência de Cristo.
2. Enfatiza a superioridade do sacerdócio de Jesus (Hb 7.26-28), seu sacrifício perfeito (Hb 10.10-14) e a Nova Aliança que ele estabeleceu (Hb 8.6-13).
3. A carta também discute a perseverança na fé e a importância da fé ativa (Hb 11.1-40).

HEBREUS E CRISTO

Hebreus destaca que Jesus é o sumo sacerdote perfeito e o sacrifício final pelos pecados. A carta liga a obra de Cristo aos elementos do Antigo Testamento, mostrando como ele é o cumprimento de promessas e tipos, especialmente por meio da Nova Aliança (Hb 8.6-13) e seu sacrifício único e definitivo (Hb 10.10-14).

CARTAS GERAIS

Tiago

Livro cinquenta e nove

FÉ EM AÇÃO: A VERDADEIRA RELIGIÃO

SIGNIFICADO DO NOME

"Tiago" vem do hebraico *Ya'akov*, que significa "suplantador" ou "aquele que segura o calcanhar". A epístola é uma carta prática dirigida a cristãos convertidos do judaísmo dispersos entre as nações (Tg 1.1).

AUTORIA

É tradicionalmente atribuída a Tiago, irmão de Jesus e líder da igreja em Jerusalém (At 15.13; Gl 1.19). Outras teorias sugerem os apóstolos Tiago, filho de Zebedeu e irmão de João, ou Tiago, filho de Alfeu. Estudiosos consideram ser ele um cristão desconhecido chamado Tiago, ou um discípulo que compilou os ensinamentos de Tiago após sua morte.

5 CAPÍTULOS

RESUMO DO LIVRO

- Perseverança e sabedoria — Tg 1.1-18
- A prática da Palavra — Tg 1.19-27
- Favoritismo e fé — Tg 2.1-26
- Domínio da língua — Tg 3.1-12
- Sabedoria e submissão — Tg 3.13–5.20

OBJETIVO DO LIVRO

O objetivo de Tiago é encorajar os crentes a demonstrarem a autenticidade de sua fé por meio de boas obras. Ele enfatiza a importância de uma fé prática e viva, que se manifesta em ações justas e amorosas.

A FÉ SEM OBRAS É MORTA

TEMAS ABORDADOS

1. Tiago enfatiza que a fé verdadeira se manifesta em ações justas e amorosas. Ele aborda temas como a justiça social (Tg 2.1-7), a necessidade de controlar a língua (Tg 3.1-12) e a sabedoria que vem de Deus (Tg 3.13-18).
2. A carta destaca a importância de uma vida cristã prática e autêntica.

TIAGO E CRISTO

Tiago aponta para Cristo ao enfatizar a fé que age. Ele ecoa os ensinamentos de Jesus, especialmente no Sermão do Monte, ao falar sobre a misericórdia, a justiça e a necessidade de uma fé viva. A exortação à prática da Palavra reflete os ensinamentos de Cristo sobre a obediência (Mt 7.24-27).

1Pedro

Livro sessenta

CARTAS GERAIS

ESPERANÇA VIVA EM TEMPOS DE SOFRIMENTO

SIGNIFICADO DO NOME

Simão vem do hebraico *Shim'on*, que significa "ouvido" ou "aquele que ouve". Já Pedro vem do grego *Petros*, que significa "pedra" ou "rocha".

AUTORIA

O apóstolo Pedro, também conhecido como Simão Pedro (1Pe 1.1).

5 CAPÍTULOS

OBJETIVO DO LIVRO

A carta foi escrita para encorajar os cristãos dispersos na Ásia Menor (atual Turquia), que estavam sofrendo perseguições, fortalecendo-os a permanecer firmes na fé. Pedro os exorta a viver de forma santa e a se apegar à esperança em Cristo, lembrando-lhes da herança incorruptível que os aguarda.

RESUMO DO LIVRO

- Saudação e esperança viva — 1Pe 1.1-12
- Santidade e amor fraternal — 1Pe 1.13–2.10
- Submissão e sofrimento — 1Pe 2.11–3.12
- Vida cristã e sofrimento — 1Pe 3.13–4.19
- Exortações finais — 1Pe 5

TEMAS ABORDADOS

1. 1Pedro enfatiza a esperança em meio ao sofrimento e a importância de uma vida exemplar.
2. O apóstolo destaca a identidade dos cristãos como povo escolhido de Deus (1Pe 2.9), a necessidade de submissão (1Pe 2.13-17) e a alegria futura que aguarda os fiéis (1Pe 1.3-9).

1PEDRO E CRISTO

Pedro aponta para Cristo como o exemplo supremo de sofrimento e submissão. Ele relembra aos cristãos que Jesus sofreu por eles, deixando um exemplo para que sigam seus passos (1Pe 2.21-24). A ressurreição de Cristo é a base da esperança viva dos crentes (1Pe 1.3).

CARTAS GERAIS

2Pedro

Livro sessenta e um

A NECESSIDADE DE FÉ E SANTIDADE CRESCENTES

SIGNIFICADO DO NOME

Simão vem do hebraico *Shim'on*, que significa "ouvido" ou "aquele que ouve". Já Pedro vem do grego *Petros*, que significa "pedra" ou "rocha".

3 CAPÍTULOS

RESUMO DO LIVRO

Crescimento espiritual e chamado à santidade
2Pe 1

Advertência contra falsos mestres
2Pe 2

A volta do Senhor e exortação final
2 Pe. 3

AUTORIA

O apóstolo Pedro, também conhecido como Simão Pedro (2Pe 1.1).

PEDRO ENSINA OS CRISTÃOS A COMBATEREM O FALSO ENSINO

OBJETIVO DO LIVRO

Encorajar os cristãos a crescer na fé, combater falsos mestres e heresias, e lembrar aos leitores das promessas de Deus, especialmente a volta de Cristo (2Pe 3.1-3).

Pedro exorta os crentes a viverem de maneira santa e irrepreensível enquanto aguardam o dia do Senhor (2Pe 3.11-14).

TEMAS ABORDADOS

1. 2Pedro destaca a necessidade de crescimento espiritual contínuo, a importância da verdade revelada nas Escrituras, e a certeza do julgamento divino.

2. Pedro enfatiza que as promessas de Deus são confiáveis e que o retorno de Cristo é certo (2Pe 1.19-21; 3.9-10).

PEDRO E CRISTO

Pedro aponta para Jesus como a fonte de todas as promessas divinas e o exemplo supremo de vida santa. Ele relembra os crentes da transfiguração, em que a majestade de Cristo foi revelada (2Pe 1.16-18), e destaca a paciência de Deus em relação à segunda vinda do Messias, oferecendo oportunidade para o arrependimento (2Pe 3.9).

CURIOSIDADES

Pedro afirma ser testemunha ocular da majestade de Cristo, referindo-se à transfiguração (2Pe 1.16-18). 2Pedro menciona as cartas de Paulo, reconhecendo-as como Escrituras (2Pe 3.15-16).

1João

Livro sessenta e dois

CARTAS GERAIS

VIDA EM DEUS: AMOR E VERDADE

SIGNIFICADO DO NOME

"João" vem do hebraico *Yohanan*" que significa "o Senhor é gracioso".

AUTORIA

O apóstolo João (1Jo 1.1).

5 CAPÍTULOS

OBJETIVO DO LIVRO

Dar segurança aos cristãos em sua fé, exortar à obediência e ao amor fraternal, e combater heresias, especialmente o gnosticismo, que negava a encarnação de Cristo (1Jo 1.3-4; 2.1,26).

GNOSTICISMO

Corrente de pensamento que promovia a obtenção de conhecimento secreto como meio de salvação, muitas vezes negando a importância da encarnação de Cristo e a moralidade cristã.

Em 1João, o apóstolo confronta essas ideias, defendendo a encarnação do Filho de Deus, enfatizando a necessidade de viver em verdade e amor, e rejeitando a dualidade entre espírito e matéria característica do gnosticismo.

João enfatiza que a verdadeira comunhão com Deus vem por meio de Jesus, chamando os cristãos a permanecerem firmes na fé apostólica.

RESUMO DO LIVRO

- Introdução e propósito da carta — 1Jo 1.1-4
- A natureza de Deus e a vida em comunhão — 1Jo 1.5—2.17
- O amor de Deus e a prática do amor fraternal — 1Jo 2.18—3.24
- A fé em Cristo e a vitória sobre o mundo — 1Jo 4
- O conhecimento de Deus e a certeza da vida eterna — 1Jo 5

TEMAS ABORDADOS

1. 1João enfatiza a realidade da encarnação de Cristo, a necessidade do amor fraternal e a importância da obediência aos mandamentos de Deus.
2. A carta também aborda a segurança da salvação e a vitória dos cristãos sobre o mundo por meio da fé (1Jo 5.4-5).

1JOÃO E CRISTO

João apresenta Jesus como a Palavra da vida manifestada em carne (1Jo 1.1-2), a propiciação pelos pecados (1Jo 2.2; 4.10) e o Filho de Deus que dá vida eterna aos que nele creem (1Jo 5.11-13). O amor de Cristo é o modelo supremo para o amor entre os cristãos (1Jo 3.16).

CARTAS GERAIS

2João

Livro sessenta e três

AMOR E VERDADE NA COMUNIDADE CRISTÃ

SIGNIFICADO DO NOME

"João" vem do hebraico *Yohanan*, que significa "o Senhor é gracioso".

AUTORIA

O apóstolo João (2Jo 1.1).

1 CAPÍTULO

ENDEREÇADA À "SENHORA ELEITA"

Não se sabe se João está se referindo à sua própria família, a um grupo de pessoas específico ou à Igreja coletivamente.

OBJETIVO DO LIVRO

2João adverte contra a hospitalidade para com os falsos mestres e encoraja a permanência na doutrina de Cristo (2Jo 1.7-11). A carta destaca a importância do amor e da verdade na vida cristã.

RESUMO DA EPÍSTOLA

Saudações e exortação ao amor	Advertência contra falsos mestres
2Jo 1.1-6	2Jo 1.7-13

TEMAS ABORDADOS

1. 2João enfatiza a verdade e o amor como fundamentos da vida cristã.
2. A carta também trata da necessidade de discernimento espiritual e da rejeição de doutrinas heréticas que negam a encarnação de Cristo (2Jo 1.7-9).

2JOÃO E CRISTO

João destaca a importância de reconhecer que Jesus Cristo veio em carne (2Jo 1.7), reafirmando a verdade da encarnação e sua centralidade na fé cristã. Ele exorta os cristãos a permanecerem na doutrina de Cristo como prova de seu relacionamento com Deus (2Jo 1.9).

AMEMOS UNS AOS OUTROS

3João

Livro sessenta e quatro

COMUNHÃO NA VERDADE E NO AMOR

SIGNIFICADO DO NOME

"João" vem do hebraico *Yohanan*, que significa "o Senhor é gracioso".

AUTORIA

O apóstolo João (3Jo 1.1).

1 CAPÍTULO

JOÃO ADVERTE GAIO SOBRE DIÓFRETES

OBJETIVO DO LIVRO

Encorajar a prática da hospitalidade entre os cristãos, especialmente com os missionários itinerantes, e denunciar a má conduta de líderes autoritários que rejeitam essa prática. João elogia Gaio por sua hospitalidade (3Jo 1.5-8) e reprova Diótrefes por sua arrogância e resistência (3Jo 1.9-10).

RESUMO DA EPÍSTOLA

- Saudações e elogios a Gaio — 3Jo (1.5-8)
- Condenação de Diótrefes — 3Jo (1.9-10)
- Recomendações finais e saudações — 3Jo (1.11-14)

TEMAS ABORDADOS

1. A teologia de 3João enfatiza a importância da verdade, do amor e da hospitalidade na vida cristã.
2. A carta destaca o contraste entre o comportamento piedoso, exemplificado por Gaio, e o comportamento reprovável de Diótrefes, que representa arrogância e falta de amor cristão (3Jo 1.11).

3JOÃO E CRISTO

3João reflete a importância de viver de acordo com a verdade de Cristo (3Jo 1.4). João exorta os cristãos a imitarem o que é bom (3Jo 1.11), lembrando as palavras de Jesus sobre o amor e o serviço aos outros como um reflexo do próprio ministério (Jo 13.34-35).

A LUTA PELA FÉ

CARTAS GERAIS

Judas

Livro sessenta e cinco

SIGNIFICADO DO NOME

"Judas" vem do hebraico *Yehudah*, que significa "louvor".

AUTORIA

Provavelmente Judas, irmão de Tiago, também chamado Judas Tadeu. Ele é mencionado nos evangelhos como um dos irmãos de Jesus, e é presumido ter sido um líder na igreja primitiva em Jerusalém (Jd 1.1; Mt 13.55).

JUDAS INCENTIVOU OS FIÉIS A BATALHAR PELA FÉ

1 CAPÍTULOS

OBJETIVO DO LIVRO

Judas escreve para advertir os cristãos sobre os falsos mestres que se infiltraram na comunidade cristã, distorcendo a graça de Deus em libertinagem e negando Jesus Cristo (Jd 1.4). Ele encoraja os fiéis a lutar pela fé entregue aos santos (Jd 1.3).

RESUMO DA EPÍSTOLA

- Saudação inicial — Jd 1.1-2
- Advertências contra os falsos mestres — Jd 1.3-16
- Exortação aos fiéis — Jd 1.17-23
- Doxologia final — Jd 1.24-25

TEMAS ABORDADOS

A teologia de Judas enfatiza a necessidade de defender a fé contra a corrupção e a falsidade. O texto destaca a segurança dos cristãos em Cristo (Jd 1.24) e a importância de permanecer na verdade e na santidade.

JUDAS E CRISTO

Judas aponta para Cristo como o único soberano e Senhor (Jd 1.4) e exalta sua capacidade de proteger os cristãos de tropeçar e apresentá-los irrepreensíveis (Jd 1.24). A carta reflete a seriedade de seguir a verdadeira doutrina de Jesus e rejeitar qualquer distorção dela.

A REVELAÇÃO DE JESUS CRISTO

Livro sessenta e seis

PROFECIA

Apocalipse

SIGNIFICADO DO NOME

"Apocalipse" vem do grego *apokalypsis*, que significa "revelação". O livro revela os eventos futuros e o triunfo final de Deus sobre o mal.

OBJETIVO DO LIVRO

Encorajar os cristãos a permanecerem fiéis em meio à perseguição e revelar os eventos que precederão a segunda vinda de Cristo, culminando no estabelecimento definitivo do Reino de Deus.

RESUMO DO LIVRO

- Visão de Cristo glorificado — Ap 1
- Cartas às sete igrejas — Ap 2–3
- Visões do trono de Deus e do Cordeiro — Ap 4–5
- Os sete selos — Ap 6–8.5
- As sete trombetas — Ap 8.6–11
- Os conflitos cósmicos — Ap 12–14
- As sete taças da ira de Deus — Ap 15–16
- A queda da Babilônia — Ap 17–18
- A segunda vinda de Cristo — Ap 19
- O reino milenar e o juízo final — Ap 20
- Novos céus e nova terra — Ap 21–22

AUTORIA

O apóstolo João, identificado como "servo de Jesus Cristo" (Ap 1.1) e exilado na ilha de Patmos "por causa da palavra de Deus e do testemunho de Jesus" (Ap 1.9).

22 CAPÍTULOS

O CONTEÚDO DO LIVRO NÃO FICA RESTRITO APENAS ÀS SETE IGREJAS

Ele traz um panorama sobre o passado, presente e futuro.

TEMAS ABORDADOS

1. A teologia de Apocalipse centra-se na soberania de Deus, no senhorio de Cristo e na esperança escatológica.
2. O livro enfatiza a vitória definitiva de Jesus sobre o mal, a justiça divina e a criação de novos céus e nova terra.

APOCALIPSE E CRISTO

Cristo é o centro de Apocalipse. Ele é apresentado como o Cordeiro de Deus que foi morto, mas vive para sempre (Ap 5.6), o Alfa e o Ômega, o Princípio e o Fim (Ap 22.13). A segunda vinda de Jesus é o clímax do livro, quando ele julga os ímpios e estabelece seu Reino eterno (Ap 19.11-16).

Esta obra foi composta em *Austral Sans Blur*
e impressa por Gráfica Eskenazi sobre papel
Couche 115 g/m² para Editora Vida.